老子教你言说

LAOZI JIAONI YANSHUO

张剑伟　著

高等教育出版社·北京

图书在版编目(CIP)数据

老子教你言说 / 张剑伟著. —北京：高等教育出版社，2017.8

ISBN 978-7-04-047883-9

Ⅰ. ①老… Ⅱ. ①张… Ⅲ. ①老子－人生哲学－通俗读物 Ⅳ. ①B223.1－49

中国版本图书馆 CIP 数据核字（2017）第 169549 号

策划编辑	张晶晶	责任编辑	朱争争　张晶晶
封面设计	张文豪	责任印制	高忠富

出版发行	高等教育出版社	咨询电话	400-810-0598
社　　址	北京市西城区德外大街 4 号	网　　址	http://www.hep.edu.cn
邮政编码	100120		http://www.hep.com.cn
印　　刷	上海师范大学印刷厂		http://www.hep.com.cn/shanghai
开　　本	889mm×1194mm　1/32	网上订购	http://www.landraco.com
印　　张	8.375		http://www.landraco.com.cn
字　　数	130 千字	版　　次	2017 年 8 月第 1 版
购书热线	021-56717287	印　　次	2017 年 8 月第 1 次印刷
	010-58581118	定　　价	36.00 元

物 料 号　47883-00

致读者

深受老子之影响的德国哲学家海德格尔曾说:“语言是存在之家。”在海德格尔看来,语言是人一出生就存在于其中的东西,人只有在先于他的语言的引导下,才能理解自我和世界;语言为世界命名并赋予其意义;语言预先规定了人的视界,铸就了人的眼光,安顿了人的灵魂;语言,使世界成其为所是,使万物成其为所是,使人成其为所是;人不能脱离语言而存在,人就在语言中,人只能在语言中。语言对于人,就像其生息于其上的大地,就像其须臾不可离开的家园。

正因为人在语言中,所以人不仅要有所言说,而且必须要有所言说,即使“尽得风流的不著一字”,同样是言说的一种形式、一种表现。美国马里兰大学医学院的研究人员证实:女性每天平均要说 20 000 个单词,男性平均为 7 000 个单词,之所以要说,则决定于人的大脑中的一种特殊蛋白。研究人员还发现，女性大脑中这种蛋白质的含量要比男性高出30％，女性比男性话多有着深层的生理根源。

人是语言动物，我们生活其中的世界也是由语言和言说交织而成的生动图画，其间既有真言、箴言、善言，也有谣言、流言、恶言。我们不仅自己应努力做到言真言、箴言、善言，还要学会应对恶言、谣言、流言。“三人成虎”“谎言重复一百遍就成了真理”，在人类历史上，此类教训不但深刻而且沉痛。

当今社会，随着人们联系的日益增多和交往的日趋广泛，恰当地言说，在人们的日常生活中作为沟通别人展示自我的手段变得越来越重要。

在一些西方国家，总统竞选需要演（言）说，普通人就职需要演（言）说，甚至离职也需要演（言）说；在国内许多企事业单位中，岗位的竞争、先进的评选、职位的晋升等大都需要通过演（言）说这一环节。人们越来越习惯于把一个人的说话水平、演讲水平作为判断其实际水平的一个重要参数；实际生活的交往当中，因言说得当而幸遇“贵人”、赢得机会者，或因言说失当而开罪他人和丧失机遇者，比比皆是，不胜枚举。言说在人们的生活中扮演着越来越重要的角色，言说得当与否，不仅直接影响人们的人脉根基，还深远地影响着人们的成功、成才和成长，甚至有时候是“成也萧何败也萧何”。古话中有许多家喻户晓的关于如何言说的箴言，如“逢人只说三句话，未可全抛一片心”“良言一句三冬暖，恶语伤人六月寒”“言多必失”“祸从口出”“一言灭身”“一言兴邦，一言丧邦”等。

在中国历史上，最早系统研究言说与人生命运、事业成败、家国兴衰关系的人，当首推春秋时期的老子。据《史记·孔子世家》记载，孔子曾向老子求教，临别时老子有以下赠言：“吾闻富贵者送人以财，仁人者送人以言。吾不能富贵，窃仁人之号，送子以言，曰：‘聪明深察而近于死者，好议人者也。博辩广大危其身者，发人之恶者也。为人子者毋以有己，为人臣者毋以有己。’”老子说，我听说富贵之人临别时用财物送人，仁义之人临别时用言语送人。我达不到富贵，只好盗用仁人的名义，用言语送你了：那些聪明绝顶、洞若观火之人，本可以成就一番事业，但却因为喜欢道人长短、议人是非而经常陷于死亡的境地；那些博闻强辩、旨趣高远之人，本可以立身扬名，但却因扬人之恶、说人坏话而屡屡危及性命。所以，为人子者、为人臣者，说话一定要讲究身份，注意分寸，切不可图一己之快或一吐为快而恣言妄语陷自己于绝境。老子的这些话，即使在今天的人们听来，依然如雷贯耳、发人深省。

美国著名的人际关系学大师戴尔·卡耐基说："一个人事业上的成功，只有15%是由于他的专业技术，另外的85%要依赖人际关系、沟通能力。软与硬是相对而言的。专业的技术是硬本领，善于处理人际关系的沟通本领则是软本领。"卡耐基所说的"软本领"也即软实力，说与不说的考量，何时说、怎样说、说什么的把握，不仅是建立、维持良好人际关系的前提，还是一个人综合能力、综合素养的体现。有些"硬本领"很强的人，却长期深陷恶劣的人际生态中苦不堪言、不能自拔、无法成功，但从来不去深度反思自己在言语上的过失或虽知语言之过失却从未认真克服改正过，最终成为人生憾事。

在日常人际交往中，我们经常遇到一些"炮筒子"或"炮仗子"，开口就伤人，还自嘲为心直口快。这种人不论场合、身份、男女、老幼，心里怎么想（甚至想都不想）就只管说，不顾受众的心理，也不管说话的效果，无意中伤害了别人的感情。如有一对多年不育的夫妇喜得贵子，来贺喜的人都在说孩子天庭饱满、地阁方圆、定有大福之类的祝愿话，偏偏有人说这孩子将来一定会死（这无疑是一句大实话），真是把人家夫妇气得半死。又有一则这样的笑话：

有一位长得略胖的妇人走进服装店，售货员立即走上前来：“大娘，您太肥了，我们没有您可以穿的衣服。”这位妇人正想反驳，不料售货员又加了一句：“其实老了还是胖一点好。”这位妇人气得不知如何是好。这时，商店老板娘走出来，妇人马上告状：“我今天是招谁惹谁了，怎么一进店，你们店员就嫌我又胖又老。”老板娘赶紧赔不是，说：“这个店员是从乡下来的，不懂说话，请您多加谅解。不过她说的也都是实话。”这位妇人遭到二度伤害后差点气晕过去，发誓以后不再光顾此店。

另一种人，被称为“挑刺王”，开口就烦人。无论你说什么，他总要鸡蛋里面挑骨头，而且总能找到“毛病”，以显示自己的聪明和正确，这样经常弄得大家不欢而散。还有一种人，被称为“批评狂”，开口就“杀人”。这种人，整天一副苦大仇深的样子，仿佛整个世界都对他充满敌意，看谁都不顺眼，事事都不顺心，见谁批评谁，逮谁攻击谁，经常让人难堪或无法下台。北宋时期的寇准，吃尽了批评人的苦头，据载：一次大臣会餐，寇准的胡子不小心沾了一些汤汁，丁谓站起来慢慢替他擦拭干净。寇准却不领情，疾言厉色地说：身为朝廷大臣，你的本事就是只会为别人擦拭胡须吗？丁谓难堪之至，从此恨极了寇准。丁谓与同样受过寇准谩骂、讽刺、挖苦的王钦若、曹利用等结成同盟，在皇帝面前尽力诋毁寇准，使寇准一而再、再而三地遭到流放，最后客死雷州。

“炮筒子”“挑刺王”“批评狂”，这类人的人际关系大都相当糟糕，人脉资源亦相当有限，“软本领”的匮乏必然抑制“硬本领”的发挥，他们在成功的道路上也必然是困难重重。至于那种煽风点火、欺上瞒下、造谣生事、鬼话连篇、构陷忠良之辈，有的虽也能一时得势，但最终会被打回原形。这类人，不仅仅不能成功，还可能遭遇法律风险，面临牢狱之灾。

老子说：“信言不美，美言不信。”(81章。本书引用的所有《老子》原文除特别注明外，均来自王弼本，为方便起见，引用时只注明章数)即使说的是“信言”，也要讲究说的方式、方法，否则，也会有意想不到的麻烦或灾难。有一位国王梦见自己的牙齿全部脱落了，醒来十分害怕，就传圆梦者前来圆梦。圆梦者对国王说：“此梦大凶，意味着你的家人将先于您一个一个地死去。”国王听后大怒，把圆梦者投入监狱。第二个圆梦者被带上来，他对国王说：“陛下，您这个梦是个大吉兆啊！意味着您比您家里所有的人都长寿。”国王闻言大喜，赏给圆梦者一大笔钱。大臣们十分纳闷，问第二个圆梦者：“你说的和第一个圆梦者所说的是一个意思,为何一个受罚一个得赏呢?”圆梦者说:“你们说得不错,的确是一个意思,但问题不在于说什么而在于怎么说。”

老子作为周朝的“守藏室之史”(国家图书馆、档案馆馆长),阅尽前代典籍,历尽人间风霜,诉诸理性思考,提出的“希言自然”“言而无病”“美言市尊”“多言数穷”等言说规则和戒律,确实是普遍存在于人类言说现象之中的不以人的意志为转移的客观规律,正确地利用这些规律,就能够有效避免人生道路中的磨难与坎坷,进而实现成功,创造辉煌。

明代著名思想家、军事家王阳明,虽是名垂青史的圣人,但他的人生之路并不平坦。他长期遭到贬黜排挤,政治地位既不稳固也不显赫,飞短流长挥之不去,尤其在很长一段时期的征战中,他连最基本的健康都难以维持,“冯唐易老,李广难封”的悲剧不可避免地在他身上重演。按常理,他有权利抱怨,有权利不平,有权利怨天尤人,但是他却在临终前留下了“此心光明,亦复何言”的八字真言。晚清名臣曾国藩,把“戒多言”作为家训中的一条重要内容,反复地向两个儿子和几个弟弟灌输、强调。在曾国藩看来,利用言语超过、压制别人,即使胜了,别人也不会服气,而争吵又往往没有是非可言,结果常常意气用事。一个人牢骚太多，结局必然抑塞，无故而怨天，天必不许，无故而尤人，人必不服。抑郁不平之气，往往伤人害己。他曾经吃过“多言”的苦头，因此后来在“戒多言”上下足了功夫。他时常痛恨自己的“每日言语之失”，视其为“鬼蜮情状”。他常反问自己“言多谐谑，又不出自心中之诚”，这种缺点，“何时能拔此根株?”不可否认，曾国藩做人与事业的巨大成功及其家族的兴盛不衰，与“戒多言”关系极大，值得后人学习和效法。

在个体生命的成长历程中，学会说话大致用了不到两年时间，而要学会“闭嘴”至少要经过十年以上的修炼。说，是一种能力；不说则是一种智慧。“知者不言，言者不知。塞其兑，闭其门，挫其锐，解其分，和其光，同其尘，是谓玄同。”(56章)智者乃道之化身，所以是不言的，这里的“闭其门”就是指闭嘴。闭嘴既是避祸的前提，也是悟道的条件。无为并非绝对的不为，而是不妄为；不言也并非绝对的不言，而是不妄言、不狂言、不乱言。当不言时不言，是无言；当言时不乱言、不多言，也是无言。西汉琅琊人王吉，立下的“言宜慢，心宜善”的家规，使家族昌盛近两千年。

到底什么样的语言或怎样言说才具有价值和意

义？什么样的言说或怎样言说才能增大成功的胜算而减少失败的比重？是多言还是少言抑或是无言？是牢骚、抱怨还是赞美、鼓励？是强辩、巧辩、狡辩还是不辩、讷言、留待时间（实践）证验？正是因为具体言说的内容、场景、情势、对象各有不同，所以掌握言说的总体规则、总体规律，就显得尤其重要。正确的言说，恰当的表达，不仅是成功追求者的通行证，也是成功实现者的墓志铭。老子的《老子》（又名《道德经》），高度重视说话问题，涉及“言”字、“诺”字的章节达 17 章之多，对言说的本质、言说的规则、言说的形式、言说的心态、言说的效果或后果等，都进行了深入探讨，提出了许多振聋发聩的论断，笔者认为，就言说的方式方法而言，在现实生活中运用老子的观点，就应尽量做到“急事慢慢说”“小事幽默说”“自己的事让别人说”“拿不准的事谨慎说”“没发生的事不胡说”“做不到的事不乱说”“伤害人的事不能说”等。

《老子教你言说》，是笔者《老子教你成功·四部曲》之第一部（其他三部为《老子教你思考》《老子教你做事》《老子教你做人》）。本书在结构上分为“老子概述”“希言自然”“言而无病”“美言市尊”“多言数穷”（上下）六章；本书材料翔实可信，引证发挥精当，观点持之有故，亦庄亦谐妙语连珠；语言洗练精粹，高深中不失通俗，平叙中不失哲理；对老子观点的挖掘不仅反映了学界研究的前沿，而且创见迭出，独到新颖，历史及生活事例的裁选不仅佐证了老子的观点，而且与之辉映成趣、相得益彰。本书中的一些关于老子研究的理论创见，曾以文章的方式在《北京大学学报》《江汉论坛》等刊物上发表，这些创见在本书中因与大量的历史故事、生活事例结合而呈现出更为通俗的表达形式和实用价值。笔者窃以为，本书既可作为老子研究者、爱好者的一本参考书，也可作为普通读者茶余饭后阅读的生活哲理书，更可作为行将走向社会的青年大学生的就业指导书。此言当否？敬请读者评说。

张剑伟

2017年5月

目　录

老子像

第一章

老子概述

一、老子传说

在中国文化史上，大凡圣人、君主的出生或死亡，常常被后人赋予诸多的神话色彩，非此，似不足以为圣人或君主也。孔子出生的情形，信史已有详细的记载，没有任何神秘性，但仍流传有“龙生、虎养、鹰打扇”[①]之说。对于老子，没有任何信史记载其出生和死亡，这就给了人们无尽的想象空间，其神秘色彩更为浓厚。

（一）老子的出生

关于老子的出生，据《神仙传》《老子内传》《酉阳

① 孔子的母亲颜氏做梦与龙交媾而怀孕，孔子出生时满屋红光，其父怕有血光之灾，加之孔子形貌丑陋、头顶凸凹不平，其父便将襁褓中的孔子扔到了山上，一只母老虎见到后就用乳汁喂养他。烈日当空，炎热难耐，孔子啼哭不止，一只老鹰见到后，展翅撑伞为其遮阴。但此为不经之谈，不足信。

杂俎》《云笈七签》等资料记述，有以下几种传说：一是老子的母亲与天上的星宿交相感应而受孕，老子化育于天然之气，降生于李家，故以李为姓；二是老子的母亲怀胎七十二年（有说八十一年）而生老子，因不能顺产故采用剖腹产，从左腋部位切口取出，老子一出生就是满头白发，所以被称为老子；三是老子的母亲遇太阳之精质坠落，宛如流星一般飞入其口中，因此怀孕，“常有五色云绕其行，五行之兽卫其堂”，受胎七十二年后，在陈国涡水李树下，剖腹生出老子；四是老子的母亲为玄妙玉女，天降弹丸状混沌之气，入口而孕，凝神坐胎三千七百年而生老子。以上说法，在今天看来纯属天方夜谭，古人之所以编造出这些离奇的故事，无非在于说明老子与凡人不同而已。

（二）老子的姓氏

关于老子的姓氏，也有诸多说法，一是老子生而能言，“指李树曰，以此为我姓”，故姓李；二是老子姓老，“其母无夫，老字是母家之姓”；三是老子姓李，按上古音，声母相同，可以互换，一声之转，读为老字；四是老子姓老，但老姓不常见，一声之转，读为李字；五是老子的姓氏没有流传下来，因为老子是个“隐君子”，没人知道他的姓氏，之所以称老子，意谓老先生的意思，老为老者，子为学养深厚之人，如孔子、庄子等。

（三）老子的容貌

关于老子的容貌，据葛洪《神仙传》记述：“鹤发龙颜，黄色美眉，广颡长耳，大目疏齿，方口厚唇，额有参午达理，日角月庭，鼻纯骨双柱，耳有三门，足蹈三五，手把十文。”据《老子内传》记述：“顶有日光，身滋白血，面凝金色，舌络锦文，形长一丈二尺，齿有四十八。”据《酉阳杂俎》记述：“形长九尺，或曰二丈九尺，耳三门，或曰耳附连环。又耳无轮郭，眉如北斗，色绿，中有紫毛，长五寸，目方瞳，绿筋贯之，有紫光，鼻双柱，口方，齿数六八。颐若方邱，颊如横珑，龙颜金容，额三理，腹三志，顶三约把，十蹈五身，绿毛白血，顶有紫气。”上述说法，有些可以理解，如“额三理，腹三志”（三条纹理，三颗痣）等，有些则不可思议，如“形长二丈九尺”“顶有日光，身滋白血”等。古人之所以如此为老子画像，也在于突出其异于常人。

（四）老子的寿元

关于老子的寿命，一说老子位列仙班长生未死；

二说老子活了一千多岁；三说老子活了至少160岁，甚至200多岁。《史记·老子韩非列传》云：“盖老子百有六十余岁，或言二百余岁，以其修道而养寿也。”《史记》向来以信史著称，但说老子活了160或200多岁则十分可疑。即使用了一个“盖”字来表示大概，进而用修道来说明原因，但仍给人以不真实之感。司马迁是否为了夸大修道的作用以凸显老子的与众不同，亦未可知。

（五）老子的身份

关于老子的身份，司马迁也不能确定，他在《史记·老子韩非列传》中，一口气说了三个老子：(1)“老子者，楚苦县厉乡曲仁里人也，姓李氏，名耳，字伯阳，谥曰聃，周守藏室之史也。”“李耳无为自化，清静自正。”“老子修道德，其学以自隐无名为务。居周久之，见周之衰，乃遂去。至关，关令尹喜曰：‘子将隐矣，强为我著书。’于是老子乃著书上下篇，言道德之意五千余言，而去，莫知其所终。”(2)“或曰：老莱子亦楚人也，著书十五篇，言道家之用，与孔子同时云。”(3)“或曰儋即老子，或曰非也，世莫知其然否。老子，隐君子也。”后人多倾向于第一种说法。但对于“守藏室之史”（相当于今天的国家图书馆或档案馆馆长)这个官名,有人遍查《周礼》,并未发现这个官名。老子到底做的是什么官,仍难定论。

(六) 老子的归宿

关于老子出关后的去向,已成历史之谜,古今学者众说纷纭,归纳起来,有以下三种:

1. 化胡说

《后汉书·襄楷传》云:“或言老子入夷狄为浮屠。”浮屠即佛陀。老子主张以柔克刚,他的座驾是

图 1-1　老子骑青牛出关雕像

性格温顺的青牛而非烈马。柔为阴，刚为阳；青牛为阴，而烈马为阳。胡人是游牧民族，阳刚好战，老子出关或许就是用博大精深的道家文化去教化胡人，亦即老子肩负着教化胡人的重大使命，后来在西方成佛。但直至今天，并未找到老子在西域活动的任何踪迹和遗物。

2. 成仙说

班固在《汉书·艺文志》中说老子西去，尹喜“去吏而从之”“俱之游流沙之西”。老子出函谷关，过大散关，由今宝鸡西南入甘肃，经游天水、陇西、临洮、兰州、酒泉等地，又回到陇西，落户临洮，修身养性，闭门炼丹，得道后在临洮成仙，子嗣亦在此繁衍。唐太宗李世民时高士廉等人所修《氏族志》称：“李氏凡十二望，以陇西为第一。”喻李氏为老子后裔，于是有了“天下李氏出陇西”之说。

3. 隐居说

与西去说相反，《庄子》《韩非子》《礼记》等文献记载老子离开周室后，并未西去，而是东去老家（今河南鹿邑）隐居。很多人认可这种说法，一是符合落叶归根的古训，二是使史料中已存的“孔子问礼”在交通上成为可能。当然，这也只是一种猜测。另有一说认为老子并未向西行走，而是调整方向，经卢氏，到了风景秀美的栾川隐居，最后在洛宁去世，并葬于洛宁寿安山，这才有了老君山，今天的老君山上还有残碑为证。后人为纪念老子，修建了老君庙，命名了老君河。

从老子传说中，我们可以清楚地看到对老子的神化。事实上，这种神化从孔子那里就开始了，《史记·老子韩非列传》说："孔子去，谓弟子曰：'鸟，吾知其能飞；鱼，吾知其能游；兽，吾知其能走。走者可以为罔，游者可以为纶，飞者可以为矰。至于龙，吾不能知，其乘风云而上天。吾今日见老子，其犹龙邪！'[①]"后世的道教就直接把老子送上神坛。东汉时期张道陵创立道教，奉老子为教主，称为"太上老君"。张角的太平道、张鲁的五斗米道，寇谦的新天师道、元代的全真教等道教派别，皆奉老子为"三清"（即玉清元始天尊、上清灵宝道君、太清太上老君）之一，同时老子又有洞真第一君、大千法王、太上真人、上清太极真人等名号。无论老子得到怎样的神化，但为后人普遍认可的老子还是司马迁《史记·老子韩非列传》中列出

① 这句话意思是：鸟，我知道它能飞；鱼，我知道它能游；兽，我知道它能跑。会跑的可以用网捕获它，会游的可以用带线鱼钩钓住它，会飞的可以用箭射下它。对于龙，我就不知道怎么办了，它乘着风云而向天飞升。我今天所见的老子，正像龙一样啊！

的第一个老子，即“老子者，楚苦县厉乡曲仁里人也，姓李氏，名耳，字聃，周守藏室之史也……至关，关令尹喜曰：‘子将隐矣，强为我著书。’于是老子乃著书上下篇，言道德之意五千余言而去，莫知其所终。”

二、老子其书

据《四库全书》记载，周朝守关官员尹喜看到紫气浮关，知真人至，迎之，乃“老子乘青牛而过”。这就是“紫气东来”掌故的出处。《史记·老子韩非列传》“老子乃著书上下篇，言道德之意五千余言而去”中的这个“五千余言”，就是后来流传甚广、影响巨大的《老子》（又称《道德经》）一书。

《老子》五千余言，韵文（味）十足，字字珠玑，句句经典。作为中国历史上第一部系统的哲学经典，具有开放理解的巨大张力，哲学、文学、宗教、经济、政治、伦理、管理、军事、外交等都可以从中找到智慧的源头。按照通行版本，《老子》全书共分八十一章，有上下两篇，前三十七章为上篇道经，三十八章及以后为下篇德经，有些版本上篇为德经，下篇为道经。有一种说法，《老子》原本既不分篇又不分章，分篇、分章是从汉代开始的。[①] 大不列颠博物馆把老子列为影响世界的十大名人之一，《纽约时报》奉老子为古今中外十大作家之首。据联合国教科文组织统计，在译成外文发行量最多的文化名著当中，《老子》仅次于《圣经》排名第二。[②] 自该书诞生以来，读者众多，流传甚广，释者如云。历史上曾有四位皇帝[③]亲自注解《老子》。近年来，随着世界范围内“老子热”的兴起，《老子》一书愈益引起外国政要[④]和平民百姓的关注。

《老子》因其内容张力巨大，具有向多种理解的可能性，加之篇幅短小精悍，便于手抄和解说，所以问世以来流传注本较多，而每一种注本均可理解为一种传本或版本。《汉书・艺文志》中有 4 种注本；《隋书・经籍志》中有 49 种注本；《道藏》中有 41 种注本和白文本。台湾学者严灵峰编纂的《无求备斋老子集成初编》收录明代以前注本 150 种，《续编》收录明代以后注本 204 种。

尽管《老子》版本众多，但基本文字、基本思想和观点大致相同。现就目前影响较大、价值较高并引

① 因其原始版本尚未找到，此类问题尚难定论。
② 据最新资料显示，《道德经》已跃升至第一位。
③ 指唐玄宗、宋徽宗、明太祖、清世祖。
④ 如里根、潘基文、梅德韦杰夫、施罗德等。

起学界广泛重视的几个版本简述如下：

一是“竹简本”，即用篆文抄写在三组不同规格的竹简上的《道德经》篇章、片段。文字只相当于通行本的四分之一，“竹简本”发现于 1993 年，发表于 1998 年，发掘地点在湖北省荆门市郭店。按照考古工作者的一致假定，“竹简本”的抄写早于公元前 278 年（即墓葬年代以前）。

二是“帛书本”。发现于 1973 年长沙市马王堆，分为甲乙两个版本。整理者认为帛书甲本的抄写年代在公元前 206 至前 195 年之间，字体近于篆文；帛书乙本抄写年代可能在公元前 179 至前 169 年之间，用隶书抄写。帛书甲乙两本均不完整，文字皆有损掩。

三是“傅奕本”。据说其底本是项羽妾塚本，由唐代傅奕参照严遵本、想尔注本、敦煌本、范应元本、景龙碑本等九个版本对校、加工、整理而成，它已经不是项羽妾塚本的原貌，只能将其当作唐代加工过的古本。

四是“河上公本”。河上公是东汉时期的隐士，《神仙传》载：“河上公者，莫知其姓名也。”他的《老子》注本——《河上公章句》，流传甚广，其依据的版本可能是汉代末年的版本。但《河上公章句》经过两千多年的流传，已非当时的原貌。敦煌本所载《老子河上公注》已经分章，加以标题和章次则见于唐代，今天所见的二字标题则见于宋代。

五是“王弼本”，亦即王弼（曹魏时期人）“注”所依据的版本，这个版本在近两千年的流传中已有很大的改变。明末朱得之所见“王弼本”尚未分章，按照刘笑敢先生的说法，“王弼本”分为八十一章显然是根据“河上公本”加工的，加工完成时间当在明代后期或清代。学术界一般把“河上公本”“王弼本”叫作今本或通行本，把“河上公本”“王弼本”和“傅奕本”三个版本叫作传世本。

《老子》因其书中频繁出现的无为、不争、守弱、处静、谦下等字眼而被一些人定性为消极避世之作，实乃天大的误解。殊不知，老子是通过无为来达到无不为，通过不争来达到天下莫能与之争，通过守弱来达到柔弱胜刚强，通过处静来达到天下定，通过谦下来达到“上民”（处上统治人民）与“先民”（处前引导人民）。《老子》不但是一部强调进取也同时强调进取策略和方法的入世之作，而且是一部救君王于妄为、救黎民于水火、救个体于痴迷的救世之作。清代魏源深得《老子》真味，他说：“圣人，经世之书；而

《老子》，救世之书也。”[1]《老子》是一部教人怎样修身养性、辩证思维、为人处世、治国理政(尤其是顶层设计)的经典、宝典。“道”，从一定意义上说，就是君王应走的“路”，这条“路”对于一般民众同样有着参考价值和借鉴意义。

在新的时代条件下，准确地把握老子思想的内涵并结合当下实际加以创造性的运用，意义重大而深远。《老子》中的民本思想、治国智慧，对于我们推进现代国家治理具有较强的镜鉴意义；《老子》中的生态伦理智慧对于我们正确处理人与自然的关系，维护生态平衡具有重要参考价值；《老子》中的无欲原则、修身箴言、利他原则及双赢智慧，对处在商品经济大潮中的每一个人，如何正确地对待生死、对待财富、平抑狂躁心态、减少心理疾病、保持身心和谐、健康地生活，都具有一定的指导作用。

三、老子观点

这里重点介绍《老子》中与本书论及问题相关的

① 其意为：孔圣人的《论语》是关心社会、参与政治，以求天下治平的书籍，而《老子》则是“挽狂澜于既倒，扶大厦之将倾”的救世的著作。

一些基本概念和基本观点。

(一) 关于道

(1) 道是无和有的统一,作为宇宙的本原,先于天地万物而存在。

《老子》25章中写道:“有物混成,先天地生。寂兮寥兮,独立而不改,周行而不殆,可以为天地母。”道是一个“混成物”,在天地之前就存在了,它独一无二,循环往复地运行,是天地万物的母亲,亦即宇宙的本原。“无名天地之始,有名万物之母。”(1章)是指道是“无”和“有”的统一体,“无”表明的是天地的始源,“有”表明的是万物的母亲。“天下有始,以为天下母。”(52章)是指“始”和“母”是相通的,由此可知“无”和“有”也是相通的,因此,道既是“始”和“母”的统一,又是“无”和“有”的统一。道这个“混成物”,就它无形无象无声无色而言,它是“无”;就这个“混成物”确实存在而言,它又是“有”。无和有是道的一体两面,就像一枚硬币,两面不同但都从一个方面反映了这枚硬币,两面统一才是硬币的全貌。

《老子》21章写道:“道之为物,惟恍惟惚。惚兮恍兮,其中有象;恍兮惚兮,其中有物。窈兮冥兮,其中有精;其精甚真,其中有信。”[1]老子把道看成一种物质性的存在,与其文本中多次用物质性的“母”“雌”“牝”“谷”“水”等比喻道相吻合。

宇宙的根源、本原不能追溯到比道更远的地方;道是宇宙产生和存在的根据,而它本身的存在则无需根据。道独一无二,“自本自根,未有天地,自古以固存”,故称之为“一”。宇宙产生以前的道,以绵延状的虚谷状态存在,“谷神不死,是谓玄牝,玄牝之门,是谓天地根。绵绵若存,用之不勤”[2](6章)。曾有人把“谷神”“绵绵若存”理解为一种原始气体的存在方式,进而与“宇宙大爆炸学说”挂起钩来。

(2) 道是天地万物的创造者,作为宇宙的本质,内在于天地万物之中。

《老子》42章中写道:“道生一,一生二,二生三,三生万物。万物负阴而抱阳,冲气以为和。”道是“一”,亦即独立无依、独一无二的一个“混成物”,由道之“一”生出天地之“二”(“无名天地之始,有名万物之母”),天地之“二”生出阴气、阳气、和气之“三”。

---

① 意为惚惚恍恍中却有形象,恍恍惚惚中却有实物,幽深暗昧中却有精质,这种精质真真切切地存在啊,虽深不可测但却能信验证实。

② 意为道的功能永不衰竭,称为玄妙的母体。玄妙母体的根据即道,是天地产生的本根。绵延却难觅踪迹,用之则无穷无尽。

阴气、阳气在和气的中介下，涌摇激荡，产生出万物。所以，万物无不是“负阴”“抱阳”的阴阳综合体，通过“和气”而达到平衡。正是在这个意义上，我们说道生万物、道内在于万物、道是万物的本质。

在老子看来，道生万物并作为万物的本质内在于万物之中，“道生之，德畜之”(51 章)。道一旦生出万物，就告别了天地万物产生之前的独立无依的存在状态，以一种“遮蔽”的方式存在于万物之中，万物尤其是人，通过修道、悟道不断地“去蔽”，使存在于自身中的道不断明晰、澄澈，亦即 10 章中所说的“涤除玄览”①。我们所谓的修道、悟道，不是把道这个物质存在物抱在怀里或守住这个物质存在物，而是把存在于自身的道明晰、澄澈出来，把道的特性、本性在思想和行为中体现出来，这事实上就转化成了一个“德”的问题。

《管子·心术》曰：“德者道之舍，物得以生生，知得以职道之精。故德者，得也；得也者，其谓所得以然也。”德是道的体现或对道的占有，万物得到道才能产生和成长，心智得到道才能把握道的精髓。所以，“德”就是“得”。所谓得，就是说事物获得了道后

① 览：即镜子，这里是以镜喻道。

使自己呈现出原本的状态。若引申一点讲，一个有德的人或事物一定像道那样让别人、别物有所得，亦即利他性。王弼在《道德经》51章的注解中写道："道者，物之所由也；德者，物之所得也，由之乃得。"按照王弼的说法，之所以"得"，是因为道的原因，道是事物存在的根据，若不以道为根据，"物之所得"便成了无源之水、无本之木，也根本不会发生。陈鼓应先生也认为，"无形无迹的'道'显现于物或作用于物是为'德'"。因此，从一定意义上说，道在物中（"舍"），事物存在的普遍性彰显了道存在的普遍性，故《老子》34章中写道："大道氾兮，其可左右。"[①]

《庄子·知北游》中有一段庄子与东郭子的对话，颇能给人启发："东郭子问于庄子曰：'所谓道，恶乎在？'庄子曰：'无所不在。'东郭子曰：'期而后可。'庄子曰：'在蝼蚁。'曰：'何其下邪？'曰：'在稊稗。'曰：'何其愈下邪？'曰：'在瓦甓。'曰：'何其愈甚邪？'曰：'在屎溺'。"东郭子问庄子道是否存在，在哪里（"恶乎在"），庄子说在蝼蚁、稊稗、瓦甓、屎溺之中，道无所不在。东郭子不懂"道内在于万物"的道理，所以才有"恶乎在"的疑问。

① 意为大道广泛流行，左右皆是，无所不在。

(3) 道是一种超越性的绝对。

道虽存在于具体事物之中，但它超越了具体事物的有限性、相对性而达到一种永恒性和绝对性，这种超越，体现在以下几个方面。其一，是对具体事物相对短暂的运动周期的超越。“反者道之动”(40章)、“周行而不殆”(25章)，道的运行是周而复始、循环往复的，它不会停留在某一点上，而是随着事物“产生——灭亡——再产生”这个无穷序列的递进转换实现其运动的绝对和永恒。具体事物的运动则表现为一个相对短暂的周期，“万物并作，吾以观复。夫物芸芸，各复归其根。归根曰静，是谓复命”(16章)是指万物都一同蓬勃生长，人从中观察其运行的规律。回归到本根(即回归到产生它的道)，也就结束了运动周期而进入到静止状态，这也就叫作复归其本性，从而开始新一轮生命的孕育。这句话也说明具体事物的运动都是相对的、暂时的。

其二，是对具体事物相对有限形态的超越。具体事物都是有声音、有形象、有色彩、有大小的，而道则无声无色、无形无象，至小无内，至大无外。“视之不见名曰夷，听之不闻名曰希，搏之不得名曰微。”(14章)是指因为道无色，所以看不见它；因为道无声，所以听不到它；因为道无形，所以抓不到它。“是谓无状之状，无物之象。”（14 章）是说道是没有具体明晰形状的形状，没有具体明晰物态的形象。正因为如此，它才能达到最大的形状和最大的形象，超越相对而走向绝对。“大方无隅，大器晚成，大音希声，大象无形，道隐无名”[①]（41 章），和“大成若缺…… 大盈若冲…… 大直若屈，大巧若拙，大辩若讷”（45 章），是指道作为最大的方正没有边沿，是对具体方正的超越；作为最大的器物永无完成，是对具体器物的超越；作为最大的声音没有声音，是对具体声音的超越；作为最大的形象没有形象，是对具体形象的超越；作为最大的成功好像有些缺憾，是对具体成功的超越；作为最大的盈满好似有些空虚，是对具体盈满的超越；作为最直的东西恍若有些弯曲，是对具体笔直的超越；作为最大的灵巧显得有些笨拙，是对具体灵巧的超越；作为最大的雄辩却又显得那样木讷，是对具体雄辩的超越。大方、大器、大音、大象、大成、大盈、大直、大巧、大辩等，反映的正是道的超越性和绝对性。老子的语句充满着矛盾但却反映着最大的真实，透射出巨大的逻辑力量。

其三，是对单一的、平面的、没有生气的死亡之

① 另有“大器免成”，从“帛书本”。

"静"的超越。人们日常观念中的静止，就是不运动、不变化、不发展，这是单一的、平面的、没有生机的静。而妄动、妄为，不仅破坏了有生机的静，还可能导致行为主体的灭亡而归于死寂之静。老子追求的是"无为而无不为"(37 章)、"夫唯不争，故天下莫能与之争"(22 章)，"无为""不争"也就是不妄为、不盲动，不妄为、不盲动也就是"守静"，而"守静"的根本价值就在于顺应自然、顺应规律，顺应自然、顺应规律去为、去争，则能够保持事物系统的动态平衡，亦即一种动态之静、生机之静、持久之静、永恒之静、绝对之静，因此，就能自然地达到"无不为""无不争"之效果。这里说的绝对之静，不是形而上学的绝对静止，而是超越了单一的、平面的、没有生气的死亡之"静"的绝对之静，如"不欲以静，天下将自定"(37 章)，是指统治者不欲望膨胀，不妄动妄为，天下自然安定，百姓自然乐业；"死而不亡者寿"(33 章)，是指人死了则安静了，但是死而不亡，说明这种安静中仍然蕴含着新的生机、孕育着新的生命。

为了准确地把握道的内涵和意义，我们应区分几个界限：第一，道本身的运行有其规律性，但道不是规律，更不能等同于对立统一规律；第二，道是一种物质性存在，它的本质属性或品格可以延伸为理念、方法、原则、精神境界等，但这些东西并不等于道，更不能把这些东西归入到道的定义中去；第三，道是一种超越性的绝对，不能等同于各个领域中的具体的道。对于以上三点，若需要了解更为详细的说明和论证，请参见拙著《〈道德经〉精讲》“第一讲”（该书由高等教育出版社 2016 年出版）。

道有诸多属性，但就其本质属性而言，非“自然”和“无为”莫属。

（二）关于无为

无为是老子思想体系中的一个重要概念，也是道的一个本质属性。“无为”之为，不仅是道的行为，还应是王和人的行为。

老子的“无为”，不是无所事事、无所作为、不思进取、懒惰消极，而是指不发生反自然、反规律的行为。打个比方，“杀人偿命”“欠账还钱”，这是再自然不过的事情（特殊情况除外），如果通过不正当的手段人为运作，让杀人者逃避制裁、欠债者免除债务，这种行为就是反自然、反规律的行为。

老子的无为概念及思想包括以下几个方面的内容：

其一是“不为”，亦即“不乱为”“不妄为”。“不为”即不对事物的运动过程直接施为，只是提供万物自化的环境和条件，听任万物自我化育、自我生成、自我转化，达到一种“无声胜有声”的效果。若不可为而为之、不应为而为之或放任反自然行为的发生，就必然招致实践活动的失败。《庄子·应帝王》中记载了这样一则故事：“南海之帝为儵，北海之帝为忽，中央之帝为混沌。儵与忽时相与遇于混沌之地，混沌待之甚善。儵与忽谋报混沌之德，曰：‘人皆有七窍，以视听食息，此独无有，尝试凿之。’日凿一窍，七日而混沌死。”这则故事说明了这样一个道理：在特定的情况下，只有不为，才能使事物、事情的发生发展符合自然、符合规律。在这种意义上，不为亦是为，是为的一种特殊方式，所以，老子说：“为无为”(63 章)、“是以圣人……不为而成”(47 章)、“无为而无不为”(48 章)。

其二是顺自然、顺规律而为。《老子》37 章中写道：“道常无为而无不为……侯王若能守之，万物将自化。”这是说道的常态是通过无为达到无不为，为政者若能守道坚持无为，万物将自然而然地顺从教化而实现大治。老子的话释放出一个非常明确的信息：“无为”是手段，“无不为”是目的；“无不为”不是

“无所作为”，而是“大有作为”；问题不在于“要不要为”，而在于“怎样为”。

“行不言之教……生而不有，为而不恃，功成而弗居。”（2章）

“生之、畜之，生而不有，为而不恃，长而不宰，是谓玄德。”（10章）

“故道生之，德畜之：长之、育之、亭之、毒之、养之、覆之。生而不有，为而不恃，长而不宰，是谓玄德。”（51章）。

“为无为，事无事，味无味。”（63章）

“以辅万物之自然，而不敢为。”（64章）

上述引文中的“生”“为”“长”告诉人们，无为不是无所事事，不是睡大觉；“不有”“不恃”“不宰”告诉人们，无为不是占有，不是居功，不是主宰。道之无为体现为无“有”之为、无“恃”之为、无“宰”之为。在道那里，“无为”即“无以为之为”（不掺杂个人私欲），是手段和前提；“无不为”即无所不至，是效果和归宿。道顺自然而为并创设条件使万物自化，所以它无所不为、无所不能为。反自然、反规律，不仅是不能为，还是“不敢为”。例如，大禹以疏导的方式治水，体现为无为；其父鲧以堵塞的方式治水，则违背了无为；浇水、施肥，助苗生长，体现为无为；拔苗助长则是妄为、乱为。

其三是出于公心而为。在老子看来，圣人或有道君主的“无为”，并非意味着消解一切目的和愿望，而是指其没有“私心”或“私欲”，亦即49章中的“圣人常无心，以百姓心为心”。其中“以百姓心为心”就是出于公心，只有出于公心，才能做到“以辅万物之自然，而不敢为”(64章)，亦即做到“辅百姓之自然”。《文子·自然篇》有言：“老子曰：‘所谓无为者……谓其私志不入于公道，嗜欲不枉正术。”这是指私人感情不掺杂到公道中，亦即不能假公济私；自己的爱好和欲望不得影响公平公正的推行。为政者应按照百姓的愿望理政，按照万物的本性做事。

《庄子·应帝王》有言，无为就是“顺物自然而无容私焉”。庄子在《庄子·马蹄》中以马的本性为例，列举了私欲主导下的驯马对马的本性的戕害。马以蹄践踏霜雪，以毛抵御风寒，渴则饮水，饥则吃草，怒则奔跃，这是马的自然，即使有豪华的庭院它也不愿意去住。可是，人们根据自己的私欲去驯马，用烧红的烙铁在马身上烙上印记，剪掉人们认为不好看的马毛，削减马蹄，带上马勒和绊马索，牵到马棚里，拴在马槽前。用渴它和饿它的办法使它听从命令，逼迫它们疾驰，训练它们排队。马的前边有嚼子控制，后边有鞭子威胁。经这一番折腾训练，马几乎死了一半。人的私欲使马失去了自然，若为政者出于私心，用对待马的方式对待百姓，后果可想而知。所以，为政者处理事情要不徇私情，对待百姓要循其自然，循其自然就是要出于公心而为。

其四是柔弱之为。《老子》40 章中写道："弱者，道之用。"道是以柔弱的方式发挥作用的。从道的德性来看，它"生而不有，为而不恃，长而不宰"，三个"不"规定了"道之为"是无为，"不有""不恃""不宰"则进一步说明了道之"无为"是一种柔弱之为，因为"占有""恃功""主宰"反映的是"强作用力"，其反面则为"弱作用力"。"天下之至柔，驰骋天下之至坚，无有入无间，吾是以知无为之有益。"(43 章)是指天下最柔弱的物体如水、气等才能在天下最坚固的物体如金、石里面纵横驰骋，没有形体的柔软的物体才能进入坚实致密而毫无缝隙的物体里面。"吾是以知无为之有益"的无为，指的正是前句中的"至柔"即柔弱之为。道以柔弱的方式发挥作用，万物才没有约束感，没有奴役感，没有卑微感。这种作用，恰似"随风潜入夜，润物细无声"。柔弱的力量可以超过刚强的力量，奔腾咆哮的水可以冲决一切，太极武功在柔弱的外观下却可以“四两拨千斤”。若以柔弱的方式去治国理政，则体现为不生事、不折腾、不妄为、不掌控、不高压、“不武力强天下”；若以柔弱的方式去教育孩子，则体现为对孩子的潜移默化、循序渐进、和风细雨、以理服人，而“棍棒式教育”则是“柔弱之为”的反动。

值得一提的是，《老子》36 章中的“柔弱胜刚强。鱼不可脱于渊，国之利器不可以示人”等文字，不仅明确告诉了人们“柔弱能够战胜刚强”的道理，而且把该义域拓展到“守住柔弱胜过追求刚强”的层面：鱼潜于渊守住柔软的水则活，鱼脱于渊飞向坚硬的岸则死。在人们的常识观念里，是刚强胜柔弱或刚强胜刚强，但老子却提出柔弱胜刚强，这是超越世俗的目光、透过事物的表象、直达问题本质的警世、醒世之言，这种“正言若反”式的真理，必有其适用范围和条件，即老子所言的“柔弱胜刚强”之“柔弱”，是深得道的支持和深受道的青睐、体现道的特征特性、包含其反面优点的“柔弱”，宛如“含德之厚”“专气致柔”的婴儿，符合规律、前途远大、耐力超群、活力四射，能够“驰骋天下之至坚”。那种失去存在必然性的、行将就木的、“日薄西山气息奄奄”的事物，不管其多么“柔弱”，最终亦难逃灭亡之命运。

（三）关于自然

在《老子》的文本中，有五处提到自然：第一处是“功成事遂，百姓皆谓我自然”（17 章）。其意为，为政者要奉行“无为而治”的原则，创设条件，让百姓自我化育，使百姓回归到自然而然的状态。大功告成后，百姓皆称赞为政者顺应自然。“我自然”则意味着不干预。皇甫谧《帝王世纪》中，记载了帝尧之世，“天下太和，百姓无事，有五老人击壤于道，观者叹曰：大哉尧之德也！老人曰：‘日出而作，日入而息。凿井而饮，耕田而食。帝力于我何有哉？’”

第二处是“希言自然。故飘风不终朝，骤雨不终日。孰为此者？天地。天地尚不能久，而况于人乎？”（23 章）这是指少说话就符合自然之道。道被老子描述为“听之不闻”（14 章）、“寂兮寥兮”（25 章）、“大音希声”（41 章）。“不言”“无声”是道的一个显著特点。圣人之所以“行不言之教”，其根源就在于此。这里的“希言”还喻指为政者不可政令繁苛、恣意妄为，以期百姓“自然”，统治长久。“飘风”“骤雨”可视为天地的“多言”和“躁动”，其结果也是“不终朝”“不终日”。天地都不能使这种“不自然”的状态长久，人就更不用说了。

第三处是"人法地，地法天，天法道，道法自然"(25章)。这是指人以地为法则，地以天为法则，天以道为法则，道以自然为法则。道不仅自己自然而然，还内在于天地万物之中，并使其回归到自然而然。人作为一种主体性存在，不仅要效法地，还要效法天，更要效法道，进而达到自然。

第四处是"道之尊，德之贵，夫莫之命而常自然"(51章)。其意为，道之所以受尊重，德之所以被珍视，即在于它们没有受人命令而能常任自然。道和德的"常自然"是万物得以"常自然"的前提。万物因道而"生"，由德而"畜"，应势而"成"，不被外力宰制，一切因循自然。

第五处是"以辅万物之自然，而不敢为"(64章)。就对百姓的治理而言，为政者要尊重并因循百姓的自然本性而给予辅助和引导(包括创设环境、提供资助、完善条件等)，促使他们自我化育，而不能逆其本性、强施乱为；就对自然万物的利用和改造而言，人类要顺应万物的自然本性因势利导或给予有限度地改造(封山育林而不滥伐森林、浇水施肥而不拔苗助长)，在"双赢"状态下构建人与自然的和谐关系。

将自然作为哲学概念是老子的首创，这与老子以道为宇宙的起源和根源具有同等的重要性，也是老子思想体系的中心价值。从上面列举的情况来看，五处"自然"，描述了道、人、万物的自然而然、理所当然、势当必然，亦即其自然状态。这种自然状态，虽是老子展开自然问题论证的逻辑前提，但并不是自然问题论证的逻辑重点，自然问题论证的逻辑重点在于自然的实现过程，尤其是万物（万民）的自然实现过程。因此，自然这一范畴，在老子那里，不仅意味着一种状态，更意味着一种过程。

自然实现的过程又是怎样的呢？《老子》如是说：

"太上，下知有之……悠兮其贵言。功成事遂，百姓皆谓我自然。"（17 章）"悠兮其贵言"是自然实现的前提，"功成事遂"是自然实现的形式及结果。

"道常无名，朴虽小，天下莫能臣也。侯王若能守之，万物将自宾。天地相合以降甘露，民莫之令而自均。"（32 章）其中"侯王能守之"（即守道）是自然实现的前提，"自宾""自均"是自然实现的形式及结果。

"道常无为而无不为，侯王若能守之，万物将自化。化而欲作，吾将镇之以无名之朴。无名之朴，夫亦将无欲。不欲以静，天下将自定。"（37 章）其中

"自化""自定"是自然实现的形式及结果。

"故圣人云：我无为而民自化，我好静而民自正，我无事而民自富，我无欲而民自朴。"（57章）其中"无为""好静""无事""无欲"是自然实现的前提，"自化""自正""自富""自朴"是自然实现的形式及结果。

"是以圣人自知，不自见；自爱，不自贵。故去彼取此。"（72章）其中"不自见""不自贵"是自然实现的前提，"自知""自爱"是自然实现的形式及结果。

"不自见故明，不自是故彰，不自伐故有功，不自矜，故长。夫唯不争，故天下莫能与之争。古之所谓曲则全者，岂虚言哉！诚全而归之。"（22章）"不自见""不自是""不自伐""不自矜"都是自然实现的前提，"明""彰""功""长"是自然实现的形式及结果。

在自然的实现过程中，无为充当了自然实现的逻辑前提，而"自化""自正""自富""自朴"等则是自然功能的显现和自然实现的形式及结果。有人把"自化""自正""自富""自朴"等看作自然本身则有失偏颇，正如现象表现本质但不能归结为本质一样，"自化"等也只是自然的体现者而不能归结为自然。若"自化"等同于"自然"，就不可能有"欲作"发生，也根本没有"镇"之必要（参考37章）。下面介绍一则老子自然观点应用的实例，以便读者理解自然时参考。

> 迪士尼乐园经过三年的建设即将对外试营业，但连接各景点的道路设计却让设计师格罗培斯大伤脑筋，设计方案虽 50 次易稿，但仍无法敲定。此时法国一位年迈的女葡萄园主对葡萄园的无为式管理启发了他，他要求工程部在各景点之间的空地上撒上草籽按时开放。不到半年时间，原来的空地已长满绿草。游客在草地上踩出了宽窄不等的条条小道，格罗培斯就要求施工人员在这些小道上铺设了人行道。可想而知，这些人行道不仅最符合人们行走的自然习惯，而且也是连接各景点的最佳通道。

总之，在老子的“道论”中，虽然无为和自然同为道的本质属性，但自然概念与无为概念相比，则显得更为根本、更为深沉。其一是因为无为只是手段、途径（道无为，万物才能自然；王无为，百姓才能自然），自然才是结果和归宿；其二是因为“道法自然”，即道性自然、道任自然，自然作为道的法则内在于道之中。道的观念、无为的观念、自然的观念，对于人们何时言说、怎样言说及言说什么，关系极大，尤其是自然的观念天然地含有希言、少言、寡言、不言的内容和成分，因此，下一章我们要谈的内容就是“希言自然”。

第二章

希言自然

在《老子》中，老子以“道”为核心构建了他的哲学思想体系。在老子那里，“道”不是指杀猪之道、恋爱之道等具体的道，也不是指道路、道轨等有形的道，而是指宇宙大道。这个大道，看似混混沌沌，看不见摸不着，但它却是宇宙的本原，万物的本质，天地的始祖。它的存在是那样的真实，所以它是“有”；它的存在又是那样的飘忽，无形无象、无声无色，所以它又是“无”。“真亦假时假亦真，无为有处有还无”，这后半句恰是对道之状态的描绘。按照老子的观点，事物从道那里得到的东西就叫作德，道在一个事物中的清晰度、明澈度决定了事物德的大小、高低。道生万物并内在于万物之中，万物中皆有道，所以万物亦皆有德。道的德，是与道完全合一的德，称为“玄德”。《老子》10 章、51 章中写道：“生而不有，为而不恃，长而不宰，是谓玄德。”道生育万物而不占有，抚育万物而不居功，养育万物而不主宰。道低调、处下、谦卑、利他，不显山，不露水，不张扬，不夸耀，默默无闻，无私奉献，道的品德决定了道的少言、寡言、希言、无言。因此，老子说："听之不闻名曰希"(14 章)、"大音希声"(41 章)、"大辩若讷"(45 章)、"知者不言，言者不知"(56 章)。道是听不到的，因为它不说话或很少说话；道是宇宙的最强音，但它给人的印象却是没有声音；道是宇宙中的最佳辩手，但它的辩言却又显得那样木讷；那些得道的智者总是惜言如金、无话少话，那些没有得道的愚者总是夸夸其谈、喋喋不休。

《老子》16 章中写道："致虚极，守静笃，万物并作，吾以观复。夫物芸芸，各复归其根。归根曰静，是谓复命。"在老子看来，修道之士应该致力于虚并使之达到极致，即虚之又虚，虚无可虚，心无一丝杂念、心机、成见，心中空明一片，湛然朗朗。以认知角度视之，就是把自身的主观意识清空，以便接受足够多的信息去把握事物变化的轨迹；同时，还应致力于静并使之达到极限，即静之又静，静无可静，外无所惑，内无所思，凝神内守，空灵无所牵挂。以认知角度视之，这是指把自身的狂躁、不安、愤懑、妄动归零，保持笃定，以静识动，客观真实地反映事物变化的规律。万物都一同蓬勃生长，从中观察其运行的规律。尽管事物形态各异，气象万千，但最终还是回归到本根（即回归到产生它的道），归根入静，这就是事物的本性、宿命。虚、静，是认识事物规律把握事物本质的前提条件。

老子的这段话告诉我们，只要心中没有杂念，没有膨胀的欲望，也就没有不平不满之言，没有牢骚、没有抱怨、没有讽刺、没有挖苦、没有诬陷，因而就不会多言、妄言；只要心灵静定，也就不会受到身外之声色犬马的诱惑，不会为名利所累，才能听清事物的真实声音。不言不语或少言少语，是保持静之状态的一个要件。德国哲学家海德格尔从老子的言论中获得过许多启发，他认为，语言与其说是让人言说，不如说是让人聆听，而要聆听，就要首先学会沉默（守静），因为只有在沉默中，才能倾听，才能听到大地以及存在、诗、真理、风、神、天道等的叮咛和教诲，人才能说出有意义的话，那些不能守静因而不会聆听的人，似乎一直在说，但他们其实什么都没说出，他们说的都是毫无意义的、人云亦云的“闲话”。为什么要说？为什么要多说？为什么要语言攻击和声音轰炸？那只是心灵狂躁、欲望膨胀的缘故。在人际交往中，只有自己守静，才会有真正意义上的聆听，而聆听不仅是客观地把握他人言论的真实意图以避免误解的前提，也是密切与他人关系、培育知音

（如钟子期与俞伯牙）的有效路径。下面的两则故事值得借鉴。

故事一：

美国著名主持人林克莱特一天访问一名小朋友，问他："你长大后想做什么？"小朋友很得意地回答："我要当飞行员！"林克莱特接着问："如果有一天，你的飞机飞到太平洋上空，但飞机的油料快用光了，你会怎么办？"小朋友想了想说："我让乘客系好安全带，然后我打开降落伞跳下去。"当现场的观众笑得东倒西歪时，林克莱特继续注视着这个孩子，没想到，孩子的两行热泪夺眶而出，这使林克莱特发觉有继续聆听的必要，于是林克莱特问他："为什么要这么做？"小孩子一脸真挚地回答："我要去拿油料，我还要回来！我还要回来！"

主持人的与众不同之处在于他能够让孩子把话说完，并且在现场的观众笑得东倒西歪时，仍保持着聆听者应该具有的一份亲切、一份平和、一份耐心，让世界听到了这名小朋友最善良、最纯真、最清澈的心语。

如果不能耐心地听孩子讲下去，在孩子讲完“我让乘客系好安全带，然后我打开降落伞跳下去”这句话时就根据经验轻易下结论，必定会误解或冤枉这个孩子。

故事二：

有一年的圣诞节，一个美国男人兴冲冲地从异地乘飞机回家团聚。一路上幻想着团聚时的喜悦情景。飞机在空中遭遇猛烈的暴风雨，上下左右颠簸，甚至脱离航线，随时都有坠毁的可能。空姐惊恐万状地吩咐乘客写好遗嘱并要求乘客放进一个特制的口袋。飞机上所有的人都在祈祷。最后，飞机在驾驶员的冷静驾驶下平安着陆，大家都松了一口气。这个美国男人回到家后异常兴奋，不停地向妻子描述飞机上遇到的险情，并且满屋子转着、叫着、喊着……然而，他的妻子正和孩子兴致勃勃地分享着节日的快乐，叽叽喳喳地说着圣诞的话题，无心聆听他对惊险旅程的描述。死里逃生的喜悦与无人分享（聆听）的痛苦煎熬着他，强烈的落差使这个男人心理崩溃，当他妻子去准备蛋糕的时候，这个美国男人却爬到阁楼上，用上吊这种古老的方式结束了从险情中捡回的宝贵生命。

这个美国男人的悲剧，说明了夫妻之间聆听的重要性。聆听，不仅是关爱、是理解、是尊重，更是人际沟通的减压阀和润滑剂。

老子眼中的虚、静，是认识事物规律的前提，又何尝不是了解他人意图并成功进行言说的前提呢？一个优秀的聆听者，一定要静如处子，不随意插话、不武断抢话、不自说自话。你想结交大人物（大思想家、大政治家、大军事家、大富豪等），拉近与他们的距离吗？若想，就要做好聆听的准备！因为这些大人物最喜欢向人讲述或回忆他们成功前的奋斗、痛苦、失败、冒险、危险、出生入死、九死一生或死里逃生的经历，若你能静静地分享他们“艰难困苦玉汝于成”的成功前史，你就能与他们建立初步甚至更深入的关系，成功构筑起自己的必要人脉。著名节目主持人鲁豫之所以能采访到众多的政要和企业家并与他们保持长期的良好关系，得益于她的守静、聆听的品质。

从老子关于无为思想的四个方面的内容来看，无不与不言、少言有关。无为的第一个方面的内容是“不为”，亦即“不乱为”“不妄为”。不为，当然包括不言这种语言行为在内,“不乱为”“不妄为”的最基本的层面就是“不乱言”“不妄语”。一个私欲膨胀的人,不仅会不顾公道和规律地恣意妄为,还会颠倒黑白地妄言乱语,多欲必多言。

无为的第二个方面的内容是顺自然、顺规律而为。诚如《老子》2 章所言:“有无相生,难易相成,长短相较,高下相倾,音声相和,前后相随。”事物环环相接,因道自然生成、自发运行,何须指手画脚,何须多语多言?百姓“日出而作,日落而息,凿井而饮,耕田而食”,顺天时,循地利,何须为政者多言?又为什么要政令繁苛?

无为的第三个方面的内容是出于公心而为。按照老子的观点,出于公心而为,就是要以“百姓心为心”或“以他人心为心”,抱着满足百姓的需求或他人需要的目的做事,无须多言;做成了,无须多说,更不必夸耀,亦即“悠兮其贵言”(悠通犹,意谓小心谨慎),因为“功成事遂,百姓皆谓我自然”(17 章)。

无为的第四个方面的内容是柔弱之为。柔弱之为在语言的应用上,首先表现为不使用语言暴力,不采取激烈的争辩,不进行语言强制、恫吓、威胁、谩骂、侮辱、诬陷。无端的指责,无理的攻击,罔顾事实的批评,借助强势地位而推行的语言霸权等,都是柔弱之为所反对的。其次表现为“行不言之教”(2章),“不言之教”就是“身教”,其根据就是道的自然和无为,而不是靠语言上的钳制,或惩罚式的命令。身体力行,通过默默无闻的工作,无怨无悔的奉献,行动之巨人,语言之矮子,潜移默化地去感染、教化、影响周围的人,使恶者向善,懒者向勤,妄为者收敛,高贵者弯腰,自夸者低调。这种为人风范所透射出的人格魅力,其力量是最柔软的,也是最强大的。

《老子》25章中写道:“人法地,地法天,天法道,道法自然。”人以地为法则,地以天为法则,天以道为法则,道以自然为法则(亦即道性自然)。道是无言的,天地也是无言的,作为法天、法地、法道的人,无言、少言应该成为一种人生目标和追求。在《老子》43章中,老子把自然甚至归结为无言:“不言之教,无为之益,天下希及之。”不言的教诲,无为的益处,天下很少有人能够达到。自然和无为是道的两个本质属性,同时自然又是道的内在法则,此句中与“无为之益”并列的,应该是“自然之益”,老子没有说“自然之益”而直接说“不言之教”,可见,老子这里是用“不言”来代替或表征自然,足见“不(无)言”在自然(范畴)中的地位和分量。

自然的一个突出特点是不言、少言、无言,因此老子说:“希言自然。”《老子》23章写道:“希言自然。故飘风不终朝,骤雨不终日。孰为此者?天地。天地尚不能久,而况于人乎?故从事于道者,道者同于道,德者同于德,失者同于失。同于道者,道亦乐得之;同于德者,德亦乐得之;同于失者,失亦乐得之。信不足,焉有不信焉?”老子说,无言或少言是自然的一种品性。狂风刮不了一个早晨,暴雨也下不了一整天。是谁造成了狂风暴雨?是天地。天地都不能让狂风暴雨持久,何况人为的暴政呢(暴政往往是为政者滥发政令亦即多言引起)?所以,致力于道的人,其行为及结果就与道相同;致力于德的人,其行为及结果就与德相同;致力于失道失德的人,其行为及结果就与失道失德的情况相同。行为及结果与道相同的,道也乐意得到他;行为及结果与德相同的,德也乐意得到他;行为及其结果与失道失德相同的,失道失德的后果也一定乐意等着他。若不是满口胡言[①],人们怎么可能不相信你呢?

老子的这段话有三个意思:一是无言、少言符合自然的本性,也符合道的本性;二是追求什么你就

① 即多言。第一个“信”作“言”解,第二个“信”作“信任”解。参见拙文“希言自然——关于《老子》第二十三章的解读”,载《文化艺术报》2014年11月5日。

得到什么，亦谓“种瓜得瓜种豆得豆”，道是无言的，追求道的人应在行为上体现为无言或少言；三是只要做到了无言或少言，就不会发生失信问题，就能获得人们的信赖，这一条与《老子》63 章中的“夫轻诺必寡信”①所表达的是同一个意思。

民国时期的清华大学校长梅贻琦先生，自幼不爱说话，一生沉默寡言。清华园曾流传着这样一个故事，其夫人韩咏华在与他结婚以前，听许多人说他非常不爱说话，能把人闷死，韩咏华结婚后发现，梅贻琦确实话少得可怜。因为他的话实在太少，所以当时的清华人都称他为“寡言君子”。开会时每当别人征询他的意见，他总是这样一句话：“吾从众。”作为校长，他极力推行“无为而治”，充分发挥教授会、评议会和校务会的作用，对于每一个教授，哪怕意见不合、观点相左，他都能做到坦诚、尊重和包容，并最大限度地让他们施展才华。他的“所谓大学者，非谓有大楼之谓也，有大师之谓也”，作为办学理念，不仅掷地有声，而且影响深远。他执掌清华时，清华拥有了赵元任、王国维、梁启超、陈寅恪、朱自清、闻一多、陈省身、王竹溪、吴有训、叶企孙、雷海宗、潘光旦、钱

① 意为轻易夸下海口必然带来失信。

钟书等大师；他执掌西南联大时，从西南联大却走出了8位两弹一星元勋、172位中国科学院和中国工程院院士，以及2位诺贝尔奖得主。学界巨擘陈寅恪曾说过这样一句话："如果一个政府的法令，可以像梅贻琦说话那样谨严、那样少，那么这个政府就是最理想的政府。"可见，梅贻琦先生不仅是"大音希声"的代表，而且是"希言自然"的成功践行者。

自然是道的本质属性，希言不仅是自然的一种表现，而且是自然的一个内在规定。对于事物而言，自然就是事物原本如此、理当如此、应当如此的状态，希言恰恰是维持事物此类状态的手段或途径，下面的故事说的就是这个道理。

有一个流浪汉走进寺庙，看到菩萨坐在莲花台上接受众人膜拜，十分羡慕。流浪汉：菩萨，我可以和你调换一下位置吗？菩萨：可以，但你无论遇到什么情况都不能开口说话。于是，流浪汉坐上了莲花台。他的眼前整天都有许多求愿者，但他始终没有开口。一天，有一个富翁前来求愿。

富翁：求菩萨赐给我美德。富翁在磕头的时候把钱包掉在了地上，流浪汉刚想开口提醒，一想起菩萨的话就忍住了。富翁走后,来了一个求愿的穷人。

穷人:家里有人病重,急需钱,求菩萨赐给我金钱。穷人在磕头的时候猛然看到了一个掉在地上的钱包。穷人心里想,菩萨真的显灵了,于是拿起钱包就走。流浪汉刚想提醒,一想起了菩萨的话就忍住了。

这时,进来了一个渔民。

渔民:出海风浪太大,求菩萨赐我平安。渔民磕头,起身,刚刚要走,却被再次进来的富翁一把抓住,要求归还钱包。富翁一口咬定是渔民捡走了钱包,而渔民则死不认账,两人扭打在一起。流浪汉再也看不下去了,大喝一声:住手!接着把真相告诉了他们。一场纠纷平息了。

菩萨:你还是做回你的流浪汉吧,你一开口就破坏了事物原本的自然状态。因为你的开口,穷人没有得到那笔救命钱,富人失去了本该具有的德行,渔民因出海赶上了风浪而葬身海底。要是你不开口,生病的穷人就得救了,富人也因此积攒了德行,渔民因被纠缠无法上船而躲过一难。

流浪汉默默地离开了寺庙,但却明白了一个道理:许多事情,该怎样,就怎样,顺其自然就是最好。

老子让人们“同于道”，亦即修道、得道，要求人们道的品格、道的特性修持到自己身上，使自己拥有道的道德品格和特性。如道具有“生而不有，为而不恃，长而不宰”①(10 章、51 章)的特性，修道之人具有了道这个特性，自然就会踏实做事、默默奉献，自然就不会有占有欲、表现欲、支配欲，一旦功成事遂，也会不占有、不居功、不宰制。修为达到如此地步，自然就不需要也没有必要去多言、表白、显摆、宣传或发号施令，亦即臻于无言之佳境。

图 2－1 孔子像

① 意为生养万物而不占为己有，培育万物而不自恃己能，辅其成长而不加以主宰。

希言是符合自然的，废话连篇的多言往往令人生厌，下面的一则故事以近乎调侃的方式说明了这一点。

一位美国人在日本作现场演讲，聘请了一位日本人做翻译。美国人一口气讲了十五分钟才停下来，日本人只用了一句话就翻译完了。美国人又不停顿地讲了十五分钟，日本人同样用一句话就翻译完毕。最后，美国人用十分钟结束了演讲，日本人又用一句话做了翻译，听众报以雷鸣般的掌声。演讲圆满结束，美国人十分兴奋，很想知道日本人到底是怎样翻译的，于是就走下台来，向一位懂日语的朋友询问，得到了如下答复："第一句是：到目前为止，没有什么值得听的。第二句是：仍没有什么值得听的，我想到结束之前都不会有什么值得听的。第三句是：我说的果然没错吧?!"

老子的无言之论，与孔子的思想不谋而合，《论语·阳货》有这样一段记载："子曰：'予欲无言。'子贡曰：'子如不言，则小子何述焉?'子曰：'天何言哉?四时行焉，百物生焉，天何言哉?'"这段话的意思是：

孔子说："我不想再说话了。"子贡说："如果你不说话，那么我们这些学生还传述什么呢？"孔子说："天何尝说过什么？四季照常运行，百物照样生长。天又说了什么呢？"孔子的"天不语，四时行，万物长"与老子的"道不言，万物化"不仅意义相同，而且都蕴含了这样一个前提——万物的生长和化育都得益于天或道的无私奉献。做了好事而不留名，功成事遂而不声张，这是天之德，也是道之德。天、地、道之所以能够长久，正是因为它们的无私和无言。只有无私，才能无言；只有无言，才能成就精彩之人生。

无言是一种极高的精神境界和道德境界。造物主给了人两只耳朵，两个眼睛，唯独给了人一张嘴巴，其寓意在于让人多听、多看和少说。如老子说的"知者不言，言者不知"①、孔子说的"古者言之不出，耻躬之不逮也……君子欲讷于言而敏于行"②。不言、无言看似简单，实乃最难做到，"不言之教，……天下希及之"③(43章)，所以，《老子》70章中无奈地写道："吾言甚易知，甚易行，天下莫能知，莫能行。"这里的"吾言"，首当其冲的应是老子的"不言"之言。

---

① 意为智慧的人不轻易出口，多言的人不是智者。

② 意为古人不轻易出口，是怕说了以后做不到。……君子言语要少言谨慎，行动要干练利落。

③ 意为不言或施行不言的教化，天下几乎没有人能达到。

反观当下的社会生活，光说不干者有之，多说少干者有之，夸夸其谈者有之，自吹自擂者有之，文过饰非者有之……不管哪一种情形，皆属多言之列。而多言，不仅意味着言多必失，而且极易令人生厌（试想我们听一次冗长的报告都不胜其烦，更何况生活中的喋喋不休），让人联想到不真实、不靠谱，其成功的可能性就会大打折扣。确实有一些人靠着巧舌如簧、虚假宣传或坑蒙拐骗，暂时可能会取得一些小的成功，但这种成功绝对经不起时间的考验。毛泽东曾用“敏”“讷”为两个女儿取名，就是希望自己的女儿长大后成为多干实事、少说空话的人，寓意深远。

在老子和孔子那里，“讷”字，都不是指一种生理上的缺陷，比如口吃、结巴、先天性语言能力弱化或语言迟钝，而是指内心明白，外表木讷，能说而不说或能说而少说。在孔子看来，“讷”更多地意味着一种言语上的谨慎，是高尚的标志；在老子看来，“讷”更多地意味着一种言语上的稀少（“大辩若讷”“大音希声”），这是得道的证明。无论是得道还是高尚，都是人们达至成功的必备要件。

应当指出，无论老子还是孔子，无言并不是绝对不说（只有天、地、道才能做到绝对的无言），它只是一种总体要求，具有相对意义。晚唐诗人司空表圣在《诗品·含蓄》中写道："不着一字，尽得风流。""不着一字"并非一字也不"着"，而是不多"着"或者已"着"诸字其后不"着"一字，意谓尽量用少的、凝练的语言来表达深刻的意蕴，这可以看作老子无言之论的一个生动注脚。老子强调无言，但却留下了五千言的《老子》（相对于其包含的巨大容量而言，《老子》可称为短小、精悍、少言的典型），他的"悠兮其贵言"①（17章），旨在劝告人们说话谨慎而并非完全不说；孔子也主张无言，但又留下了近16 000字的《论语》（虽非孔子所写，但其中大部分的话却是孔子说的），并有"'言以足志，文以足言。'不言，谁知其志？言之无文，行而不远"②之言论。

可见，无论老子还是孔子，都不主张绝对的无言，事实上，人生活在社会中，亦无人能做到绝对无言。至于人们在生活实践中到底应该无言还是少言抑或相对的多言，则完全以具体的语境而定。在具体的语境中，有时候，一言则为多；有时候，十言却为少。"一言不合拔刀相向"，如果没有那"不合"的"一

① 意为发言一定要慎重再慎重啊。

② 其语出自《左氏春秋传》。意为言论是用来表达志向的，文法是用来修辞语言的。不发言，谁能知道你的志向？语言不经修辞，又怎能传播广远？

言”，就不会有“拔刀”的后果。有些事，你不去说也不去做，大家倒相安无事；如果你说了而没有做，则可能惹来麻烦，带来怨恨，付出代价（包括道德上的），导致“失人”。即使非说不可，有些话也只能点到为止，多说一句哪怕是不经意的一句，都可能导致行动的失败、仇恨的产生、性命的丧失。可见，问题并不在于要不要说，而在于怎样说。

第三章

言而无病

这里的“言”，是指能够表达人们心理、思想、情绪、感受的人类语言，以听觉为参照，可分为有声语和无声语；以视觉为参照，可分为书面语、口头语和肢体语。就信息的传递而言，无声的肢体语言往往有着更高的准确度，比如，皱着眉头去表扬一个人往往为被表扬者解读为言不由衷。

这里的“病”，是指言说中出现的问题、瑕疵、缺陷(点)、毛病，而不是指生理上的疾病，“病”字在《老子》文本中多次出现，亦都没有生理疾病的意思。在《老子》一书中，“病”字出现最集中并与“言”相关的一章是71章：“知不知，上；不知知，病。夫唯病病，是以不病。圣人不病，以其病病，是以不病。”这是指知道自己有所不知，这是最好的；不知道却自以为知道，这就是毛病。只有把这个毛病看作毛病并加以克服，就不会犯这个毛病。圣人没有这个毛病，正是因为圣人把这个毛病当成毛病并力戒之，所以才没有这个毛病。老子所说的这个“病”，就是指不懂装懂，自以为是，刚愎自用。一旦养成这个毛病，就必然是一意孤行，痴言妄语，胡言乱语，满口跑火车，说话不着调，最终是误人误己。

孔子对那种不懂装懂的人十分反感，极有可能是在深受其害的情况下才说出如下的话："始吾于人也，听其言而信其行；今吾于人也，听其言而观其行"[①]（《论语·公冶长》），进而提出了与《老子》71 章的思想惊人一致的忠告："知之为知之，不知为不知，是知也"[②]（《论语·为政》）。

言而无病，是指言说的内容、逻辑、文字、语法、语气、断句及态度等均没有毛病。不要小看一个断句，有时一个标点的错误会完全改变整句话的意思而带来麻烦，如"叔叔亲了我妈妈也亲了我"这句话，逗点在"我"的后面还是在"妈妈"的后面，意义、效果完全不同。言说是用来表达思想、传递信息的，言说的态度虽非言说本身，但它的确就是一种语言（无声语、肢体语），"无声"并不意味着信息传递的中止，而是在传递有声、有形的语言无法传递或不能传递的信息，此乃"无声胜有声"或"意在言外"。误解并非

① 意为以前我对人的态度是，只要听到他说的话，便会相信他的行为；今天我对人的态度是，听到他说的话，还要考察他的行为，才能相信。

② 意为知道就是知道，不知道就是不知道，这才是智慧啊。

仅由文字或表述上的歧义而产生，很多情况下误解根源于言说者的态度。“我很快乐”这句话，在表情愉悦的情况下讲出来和在表情痛苦的情况下讲出来，意义差别很大；“你很能干”，若在咬牙切齿的状态下讲出来，意思恰好相反；“向您学习”，若以一种傲慢的口气讲出，对方则会理解为一种客套，甚至是一种讽刺、挖苦。这里说的态度包括言说者的情绪、状态、表情、动作等，它虽然不是直接的语言，但却是间接的语言，它既能强化直接的语言，更能改变、修正和扭曲直接的语言，比如恶狠狠地说“你好”。

什么样的语言才称得上言而无病？在老子看来，“无言”“信言”“善言”当属此列。至于生活中常见的善意的“谎言”、战争中信息发布上的有意“欺骗”、外交辞令上的颠倒黑白等特殊言说，都不在本书的讨论范围。

“无言”即“不言”，表面的意思是不说（不说，当然就不会有“病”），实乃“一切尽在不言中”“此时无声胜有声”，它是道的语言，亦是自然的语言，也是得道圣人的语言（“处无为之事，行不言之教”——以无为的方式行事，以不言的方式施教）。关于“无言”，本书第一章已做过探讨，此处不再赘述，这里重点讨论“信言”“善言”问题。

一、"信言"

"信言",既是真实可信之言,又是朴实无华之言,它与一切虚饰、溢美、夸耀、狡辩之言相对立。"道之出口,淡乎其无味"(35 章),道的语言是最真实、最朴实、最自然的语言,没有做作,没有修饰、没有溢美,因此,《老子》81 章中写道:"信言不美,美言不信;善者不辩,辩者不善。"老子说,真实可信的语言不需要包装美化,包装美化的语言往往是不真实的;善良的人不会强辩、巧辩(也可理解为言"善言"的人决不强辩、巧辩),强辩、巧辩之人绝非善良之辈(也可理解为强辩、巧辩之语不是"善言")。"信言"因其不美化、不包装、不委婉,也会令有些听众心生不快。

《韩非子·喻老》:

原文: 扁鹊见蔡桓公,立有间。扁鹊曰:"君有疾在腠理,不治将恐深。"桓侯曰:"寡人无疾。"扁鹊出,桓侯曰:"医之好治不病以为功。"

译文: 扁鹊进见蔡桓公,站了一会儿说道:"您有病在皮下,要是不加紧治,恐怕会加重。"桓公回答说:"我没有病。"扁鹊退出后,桓公说:"医生总是喜欢给没病的人治病,以此彰显自己的功劳。"

原文: 居十日,扁鹊复见,曰:"君之病在肌肤,不治将益深。"桓侯不应。扁鹊出,桓侯又不悦。居十日,扁鹊复见,曰:"君之病在肠胃,不治将益深。"桓侯又不应。扁鹊出,桓侯又不悦。

译文: 过了十天,扁鹊又拜见蔡桓公,说:"您的病已经到了肌肤,若不医治,就会更加严重。"桓公听后不予理睬。扁鹊离开,桓公又是很不高兴。过了十天,扁鹊再次拜见蔡桓公,说:"您的病已经进入肠胃,若不医治,将会进一步恶化。"桓公仍不予理睬。扁鹊离开,桓公又是极不高兴。

原文: 居十日,扁鹊望桓侯而还走。桓侯故使人问之,扁鹊曰:"疾在腠理,汤熨之所及也;在肌肤,针石之所及也;在肠胃,火齐之所及也;在骨髓,司命之所属,无奈何也。今在骨髓,臣是以无请也。"

译文: 又过了十天,扁鹊远远地看见桓公转身就跑。桓公很奇怪,特派人去询问,扁鹊说:"病在皮下,用药热敷治疗就可以治好;病在肌肤之间,用针刺就可以治好;病在肠胃中,用清火汤剂就可以治好;要是病入骨髓,我就没办法了,那就是掌管生命的神的事了。现在桓公的病已深入到骨髓里面,所以，我不再过问了。”

原文： 居五日，桓侯体痛，使人索扁鹊，已逃秦矣。桓侯遂死。

译文： 过了五天，桓公感到浑身疼痛，便派人到处寻找扁鹊，但这时的扁鹊已经逃到秦国去了。于是，桓侯不久就死去了。

韩非子是与道家思想有着深厚理论渊源的法家代表人物，其《喻老》篇和《解老》篇都是站在法家立场上对老子思想的一种理解和阐发。《扁鹊见蔡桓公》一文，虽旨在说明老子的“图难于其易，为大于其细”[①]等量变质变的道理，但对于老子“信言不美，美言不信”之警句，同样是一个生动的注脚或例证，扁鹊之言实乃不折不扣之“信言”，而蔡桓公则是一个不听“信言”的人，结果命丧黄泉。可见，欲成功，不仅要能言“信言”，而且还要能听“信言”，否则，只能以失败而告终。

唐代是老子思想大行其道的一个朝代。唐高祖、唐太宗均奉老子为先祖；唐高宗，追号老子为“太上玄元皇帝”，并诏《道德经》为“上经”，作为考选官

① 意为处理难事要从容易处入手，处理大事要从细微处着眼。

员必备科目；唐玄宗颁御注《道德经》于天下。被后人称为“一代名相”的魏征，向唐太宗写过多个奏章，其中的《谏太宗十思疏》一篇，不仅彰显了《道德经》谦卑寡欲、无为而治的思想主题，而且作为“信言”的典范为唐太宗所欣赏、为后人所景仰。

《谏太宗十思疏》：

原文： 臣闻求木之长者，必固其根本；欲流之远者，必浚其泉源；思国之安者，必积其德义。源不深而岂望流之远，根不固而何求木之长。德不厚而思国之安，臣虽下愚，知其不可，而况于明哲乎！人君当神器之重，居域中之大，不思居安思危，戒奢以俭，斯亦伐根以求木茂，塞源而欲流长者也。

图 3-1　魏征像

译文： 我听说想要树木生长，一定要稳固它的根；想让水流流得远，一定要疏通它的源泉；想要国家安定，一定要厚积道德仁义。源泉不深岂能希望水流流得远？根基不牢又怎能指望树木茁壮成长？道德不深厚却想要国家安定，我虽然见识浅陋，也知道这是不可能的，更何况您这么聪明睿智的人呢！国君是国之重器，天下之尊，如果不在安逸的环境中想着危难，戒奢侈、行节俭，这如同挖断树根以求得树木茂盛、堵塞源泉而希望水流流远啊。

原文：凡昔元首，承天景命，善始者实繁，克终者盖寡，岂取之易，守之难乎？盖在殷忧，必竭诚以待下，既得志，则纵情以傲物。竭诚，则吴、越为一体；傲物，则骨肉为行路。虽董之以严刑，振之以威怒，终苟免而不怀仁，貌恭而不心服。怨不在大，可畏惟人；载舟覆舟，所宜深慎。

译文：过去的开国帝王，秉承上天赋予的重大使命。开头做得好的国君确实很多，但能够坚持到底的却少而又少。难道得天下易而治天下难吗？通常处在深重的忧虑之中一定能竭尽诚心来对待天下臣民，一旦功成事遂，就纵情享乐，慢待他人。竭诚尽忠，虽是吴越两国，也能结成一家；轻慢别人，纵使骨肉亲人也能成为陌路。推行严刑峻法，彰显威风震怒，臣民只求苟免于惩罚而并不爱戴国君，表面上恭敬而内心却不服气。怨恨不在大小，最可怕的是人人都有怨恨;水能载舟也能覆舟,应当引起足够的谨慎和警觉。

原文: 诚能见可欲,则思知足以自戒;将有所作,则思知止以安人;念高危,则思谦冲而自牧;惧满溢,则思江海下百川;乐盘游,则思三驱以为度;忧懈怠,则思慎始而敬终;虑壅蔽,则思虚心以纳下;惧谗邪,则思正身以黜恶;恩所加,则思无因喜以谬赏;罚所及,则思无以怒而滥刑。

译文:(身为一国之君)真正做到:见到引起欲望的事物,能用知足来克制;将兴土木,能用知止来悯人;一想到帝位高处不胜寒,就应设法使自己谦虚、自律;害怕自满,就应想到如何才能像江海一样容纳百川;喜爱游玩狩猎,就应把握一年三次为限而不过度;担心意志松懈,就应想到善始更要善终;担心言路不通遭受蒙蔽,就应想到虚怀若谷、从谏如流;担心谗佞奸邪的存在,就应思考怎样端正自身来远离不良之辈;施加恩泽,就要思考怎样才能避免因一时高兴而奖赏失当;动用刑罚,就要思考怎样才能避免因一时愤怒而加重处罚。

原文: 总此十思,宏兹九德,简能而任之,择善而从之。则智者尽其谋,勇者竭其力,仁者播其惠,信者效其忠。文武并用,垂拱而治,何必劳神苦思,代百司之职役哉！

译文：全面贯彻“十思”，弘扬九种美德，选贤人而用之，择良言而从之。那么有智慧的人就能充分施展他的谋略，勇敢的人就能全部使出他的力量，仁爱的人就能散播他的恩惠，诚信的人就能献出他的忠诚。文臣武将同时任用，为什么一定要（自己）劳神费思，越俎代庖，代替百官做职事呢？

魏征的这篇奏疏不仅把“不念居安思危，戒奢以俭”的危害讲得清清楚楚，而且还对症下药，提出了“十思”的措施，既明确具体，又实用可行。一是具有很强的针对性。“十疏”所陈述的内容无一不针对帝王的常见病，又无一不为“垂拱而治”的封建统治着想，使唐太宗乐于接受。二是思考问题的全面性。这“十思”的内容涉及与帝王治国兴邦有关的十个问题。从生活到政治，从个人欲望到品德修养，凡存在的主要问题作者一一道来。不但指出问题，而且提出了解决问题的方案，真是面面俱到，煞费苦心。三是安排条款的序列性。“见可欲”“将有作”“念高危”“惧满溢”“乐盘游”“忧懈怠”“虑壅蔽”“惧谗邪”“恩所加”“罚所及”，排列井井有条，多而不乱。四是语言表达的齐整性。文章紧扣“思”字做文章，从提出问题——应当“思”，到分析问题——为何“思”，再到解决问题——怎样“思”，最后归结为“何必思”。“十思”句式大致相同，构成排比，一气呵成，形式齐整，气势磅礴。奏疏从头至尾，多用骈偶，或相对为文，或排比论述，步步为营，气势雄健有力，警示振聋发聩，辞工文畅，音律和谐，铿锵成韵，读来如觉连珠滚动，唐太宗有“诚极忠款，言穷切至”“体国情深”之评语，清代的唐德宜在《古文翼》中也说此文“款款而陈，情词肫挚，忠爱之忱，溢于言表”。这是一篇“信言”的典范，值得我们认真揣摩和学习。

魏征还有一篇有名的奏折，叫《十渐不克终疏》，与《谏太宗十思疏》的立意大致相同，同样是一篇“信言”。“渐不克终”是指开始谨慎，后慢慢流于放任而不能坚持到底。此奏折大意如下：

耽于奇货，此乃清静寡欲之心渐不克终；滥用民力，此乃俭约爱人之心渐不克终；纵欲拒谏，此乃损己利他之心渐不克终；亲近小人，此乃任用贤人之心渐不克终；爱好奢侈，此乃淳朴之心渐不克终；批评表扬不慎重，此乃是非之心渐不克终；爱好游猎，此乃进取之心渐不克终；上下有隙，此乃和谐之心渐不克终；乐极志满，此乃谦虚谨慎之心渐不克终;民生有灾,此乃防灾勤政之心渐不克终。

据《贞观政要》记载,唐太宗看过《十渐不克终疏》后深有感触地说:

"人臣事主,顺旨甚易,忤情尤难,公作朕耳目股肱,常论思献纳。朕今闻过能改,庶几克终善事。若违此言,更何颜与公相见,复欲何方以理天下?自得公疏,反复研寻,深觉词强理直,遂列为屏障,朝夕瞻仰。又录付史司,冀千载之下,识君臣之义。"乃赐征黄金十斤,厩马二匹。

译文:唐太宗说,臣子侍奉君主,只顺从旨意是很容易的,违背君王的心意那可就太难了。你作为我的得力助手,常常能以自己思考所得劝谏于我,实属难能可贵。现在我知道了自己的过错并会尽快改正,或许可以在修身和政务上做到善始善终。如果违背了你的意见,我又有何颜面再见你?又有什么办法可以把天下治理得井井有条呢?我得到你的奏疏之后,反复研读思考,深感言辞恳切、道理清楚、观点正确,所以我将它贴在屏风上,以便早晚都能观瞻。

还把奏疏交付给编史官员记录存档，希望千年之后，人们都能够知道我们君臣之间的情义。事后，唐太宗赏赐给魏征黄金十斤，良马二匹。

魏征能说“信言”并得以流传，与唐太宗的气度、品格密不可分。魏征因“信言”而获得成功，我们不是魏征，但我们同样想做一个成功者，因此，就应向魏征学习，学会言“信言”；唐太宗因善听“信言”、从善如流，而成就了一番伟业，我们不是唐太宗，但我们同样想有所作为、有所成就，因此，就应向唐太宗学习，学会听(从)“信言”。没有无私、公正、勇气，言不了“信言”；没有虚心、宽容和大度，听不了“信言”。

魏征当面强谏，有时候弄得唐太宗下不了台。

有一次唐太宗退朝回宫，生气地说：“总有一天我要杀了这个乡下人。”长孙皇后很少见到他发这么大的脾气，问要杀谁。唐太宗说：“还不就是那个魏征，总是在朝堂上当众羞辱我，我实在无法忍受了！”皇后听了，也不表态，马上退回内室，穿戴好一套朝见的礼服站在庭堂上。唐太宗吃惊地问：“你这是干什么？”皇后说：“臣妾听说，如果君主贤明，那么臣下就正直。如今魏征正直,正说明了陛下的贤明,臣妾怎能不向您祝贺呢!"长孙皇后的一番话令唐太宗转怒为喜。

可见,"信言"并非在一切情况下都可以说,也不是对任何人都可以说。如何根据不同情况把"信言"言说出来?老子又提出了"善言"的概念。

二、"善言"

"善言",首先是指一种善良的语言,其次是指一种"无瑕谪"(亦即无毛病)的语言。作为"善言",一定是让人听了不觉得难堪、不产生反感、不产生仇恨的语言,同时又是不产生歧义、不留下漏洞、不授人以柄、不留下祸患的语言。这种语言给人的印象应是准确、严密、恰当、温暖、向上。《老子》8 章中有"言善信"一语,意思有两个:一是言说要释放善意的信息;二是许下的诺言及其诺言的履行应当符合"善"的标准,否则就是"恶信"(类似于帮人杀人放火、作奸犯科之类的承诺)。"善信"之"言",应是"善言"的一个要件。

《老子》70 章中有"言有宗,事有君"一语,言是言论，事是行为；宗是根据、根源；君是主宰、中心。意思是说话不能无根无据，满口胡言或无的放矢，说了半天要么别人不知道你说什么，要么别人认为你不切实际或认为是眼高手低；做事不能没有主旨和中心，要不然做了很多事，连自己都不清楚为什么要做这些事、这些事做了到底有什么意义，岂不瞎忙乎？岂不呜呼哀哉！“言有宗”才能“事有君”，而“事有君”又反过来强化、支撑“言有宗”。“有宗”之“言”，亦应是“善言”的一项基本要求。

关于“善言”这一概念，是《老子》27 章提出的：

> 善行无辙迹，善言无瑕谪，善数不用筹策，善闭无关楗而不可开，善结无绳约而不可解。是以圣人常善救人，故无弃人；常善救物，故无弃物，是谓袭明。故善人者，不善人之师；不善人者，善人之资。不贵其师，不爱其资，虽智大迷，是谓要妙。

其意为：善于行走的不会留下痕迹；善于说话的不会落下话病；善于计数的不用筹码却能准确无误；善于关闭的不用拴梢却令人无法打开；善于捆缚的不用绳索却让人不能开解。所以，拥有“五善”的圣人必然具有“善救”之能力，善于救人则没有不可救之人，善于救物则没有不可救之物。这就叫作循道。善人（即人格、品德、能力完善的人）是不善人（即人格、品德、能力不完善的人）的老师；不善人是善人持续为善的镜鉴及工作对象。不珍视、尊敬“师”，不热爱、珍惜“资”，即使智慧超群，也只能算是貌似聪明，实乃天大的糊涂。这就是至要妙理（即道的要求、道的精髓、道的奥妙）。

准确把握《老子》27 章应注意把握以下两点：

第一，老子是中国历史上第一次提出“师资”概念的思想家，“善人”与“不善人”之间的关系，用今天的话说，实质上就是老师和学生之间的关系，老师是各方面相对完善的人，学生是各方面相对不完善的人，把不完善的人变得完善，是老师的义务和责任，学生素质的完善和提升就是老师存在的意义和价值。学生尊敬老师和老师热爱学生，以及教学相长是教育活动不变的主题。既然是教与学的关系，作为老师，一是要身教（无言之教），进行人格、道德上的导引；二是要言教，进行知识、思想上的导引。言教，自然就存在一个言什么、怎么言的问题。

第二，通行的注释或解读把“善行”“善言”“善数”“善闭”“善结”之“善”一律作动词理解（意谓“善于”），从文本表述的形式及字面意思上看，这种理解是合理的，但绝不可到此为止。《老子》是一篇散文诗，语句不仅具有一种发散性，甚至作为诗也没有严格遵循平仄对仗，比如，《老子》73章中的“天之道，不争而善胜，不言而善应，不召而自来，繟然而善谋”[①]一句，按照排比，“不争”“不言”“不召”后面应接着“不繟”，但老子笔锋一转，却写下了“繟然”二字。语言的活泼和思想的跳跃相映成趣，理解上切不可因形式而牺牲内容，应按照全书的主旨最大限度地深挖字句背后的意蕴。

据笔者研究，《老子》文本中，“善”字，作形容词和名词使用远远多过作动词使用（本章中的“善人”与“不善人”之善亦为形容词），这与老子弘扬道德主旨相一致。在笔者看来，本章中的“五善”，起码有“两善”既可以从动词的意义上理解也可以从形容词的意义上把握，甚至从形容词意义上把握更契合老子的基本思想。一是“善数不用筹策”，既可以理解为“善于计数的不用筹码却能准确无误”，也可以理解为“完善的筹划、计划是着眼于全局和总体而不必

① 意为上天之道亦即道，是不强争却善于取得胜利，不言说却往往得到恰当的回应，不召唤却善于让人自动归来，不急不躁却能善于谋划。

锱铢必较”。《红楼梦》有言：机关算尽太聪明，反误了卿卿性命。算计本身就会费力伤神，为养生之大忌，所以，最好的算计就是不去斤斤计较地算计。

二是“善言无瑕谪”，虽然文字和句式可以理解为“善于说话的不会落下话病、不会留下隐患”，但仔细深究就会发现，如果不计行动和事实，仅仅是“善于说话”，怎么可能会“无瑕谪”呢？既然不能做到“无瑕谪”，那就不是老子心目中的“善言”，而是庄子（“狗不以善吠为良，人不以善言为贤”）和孟子（“善言者，其言未必善”）理解的“善言”。庄、孟之“善言”，实指巧言或话说得漂亮，孔子则直接把这种“言”定性为“巧言令色，鲜矣仁”[①]。《老子》版本中的傅奕本、范应元本，81 章经文中都是这样两句话：“善言不辩，辩言不善。”[②]从一个侧面印证了老子的“善言”不仅与庄、孟的“善言”的内涵不同，而且庄、孟之“善言”恰恰是老子所反对的。可见，“善言无瑕谪”理解为“最好的话语不仅是善良的而且是没有瑕疵的”，则更为准确。“言善”才有“信”（8 章），信才能“和”，和才能“安”，安才能“久”；“言无病”，才能描

① 花言巧语，一副讨好人的脸色，这样的人是很少有仁德的。

② 王弼本等诸本则为“善者不辩，辩者不善”。高亨、古棣等人认为王弼诸本此处经文中的两个“者”字应为“言”字。

述事物，说明事实，表达感情，传递思想。善言乎？善言哉！

鬼谷子有句名言："口乃心之门户。"其意为心中有口中才有，而心是一个人心态、态度和品德的综合体，心怀善良，其言亦善良；态度温和，其言亦温暖；品行端正，其言亦正派。

有一次苏东坡和佛印一起打坐参禅，苏东坡见佛印的坐姿有些随意，心生恶念，欲贬低佛印一番。他问佛印："你看我坐在这里像什么？"佛印答："您像一尊佛。"苏东坡又问："你想不想知道你在我的眼里像什么？"佛印答："想知道。"苏东坡说："你就像一堆牛粪。"佛印听后默然无声，继续打坐。苏东坡回家后把这件事告诉了苏小妹。苏小妹对苏东坡说："哥哥呀，就你这德性还打坐参禅，参禅讲的是明心见性、见心见性，人家说你像佛说明人家心中有佛，你说人家像牛粪说明你心中全是牛粪。"

所以，心有恶念必有恶言出，心有善念定有善言随。

原一平,身高145厘米,“矮矬穷”一个,当初作为不拿工资的见习人员,几乎生活无着。但他心地善良,乐观、积极、真诚,每天清晨5点起床徒步上班,一路上,他不断微笑着和擦肩而过的行人打招呼,把欢乐传导给众人。他对着镜子苦练微笑,并能出自内心地发出39种微笑,被人们誉为“价值百万美金的笑”。有一位老年绅士经常在他上班必经的一个公园里晨练,原一平每次经过此地,都友好地向这位老者问好,并赞美老者精神矍铄、体魄康健。这位老年绅士对原一平的好奇和好感与日俱增,曾邀请原一平共进早餐,被原一平婉言谢绝。当老人得知原一平是保险公司的推销员时,就对他说:“既然你不赏脸和我吃顿饭,我就买你一份保险吧!”他终于签下了生命中的第一张保单。更令他惊喜的是,那位老人是东京一家大酒店的老板,后来帮他介绍了不少业务,为原一平成为保险巨子奠定了基础。

这则故事说明,有善念才会有善言,有善言才会有福报、有善报。

《老子》49章写道:“圣人无常心,以百姓心为心。善者，吾善之；不善者，吾亦善之，德善。”其意思是圣人没有既定的私心和固定的成见，总是把百姓的利益和心愿当作自己的利益和心愿。善良的人，我善待他；不善良的人，我也善待他，这样就可以得到天下人的善良。正是因为“无常心”，所以才能善待“善人”和“不善人”，这种善待当然包括语言上的善待；“大小多少，报怨以德”[①]（63章），这是一种大情怀和大境界，在这样的格局下，怨恨将烟消云散，激烈的语言冲突和纷争将不复存在；“和大怨，必有余怨，安可以为善？是以圣人执左契，而不责于人。有德司契，无德司彻。天道无亲，常与善人。”（79章）这就是说，和解大的怨恨，必然还有残余的怨恨，怎么才能妥善呢？因此，圣人虽存有借据却不索要、不责备。有德者手拿借据不索要，而无德者宛如征税锱铢必较；天道不分亲疏，总是报答善人。圣人施恩不求报，得理能饶人，不催债、不逼债，更不结怨，这样对人不会恶声恶气或恶语相向。

心态、态度和品德是能够产生“善言”的关键性条件，“善言”所反映的不只是语言的精确度，还包括语言的温馨度、发心的善意度。因此，老子的“善

① 意为恩怨，不管大小也不论多少，统统用德来报答。

言无瑕谪"之"善",应主要从形容词的层面去把握,本句可翻译为：善言("善之言")是善意之言,亦是无瑕疵、无毛病之言。"善言"一词,是老子"言说"理论的中心范畴。

笔者在历史文献中找到两篇比较符合老子"善言"理论的文章,一篇是《触龙说赵太后》(出自《战国策》),另一篇是《诸葛亮舌战群儒》(出自《三国演义》),现抄录如下,以飨读者。

《触龙说赵太后》:

原文: 赵太后新用事,秦急攻之。赵氏求救于齐,齐曰:"必以长安君为质,兵乃出。"太后不肯,大臣强谏。太后明谓左右:"有复言令长安君为质者,老妇必唾其面。"

译文: 赵太后刚刚执政,秦国加紧攻赵。赵国向齐国求救。齐国说:"一定要把长安君作为人质,才出兵。"赵太后不肯答应,大臣们极力劝说,太后明白地对左右的人说:"有哪个再来说要长安君为人质的,我就吐他一脸口水。"

原文: 左师触龙言愿见太后,太后盛气而揖之。入而徐趋,至而自谢,曰:"老臣病足,曾不能疾走,不得见久矣,窃自恕,而恐太后玉体之有所郄也,故愿望见太后。”太后曰：“老妇恃辇而行。”曰：“日食饮得无衰乎？”曰：“恃鬻耳。”曰：“老臣今者殊不欲食，乃自强步，日三四里，少益嗜食，和于身。”太后曰：“老妇不能。”太后之色少解。

译文：左师公触龙表示希望进见太后，太后气冲冲地等着他。触龙来到宫中，慢慢地小跑着，到了太后跟前谢罪道：“我脚上有毛病，竟不能快步走。好久都没见您了，我还自己原谅自己哩。我怕您玉体欠安，所以想来看看您。”太后道：“我靠车子才能行动。”触龙又问：“每日饮食该没减少吧？”太后道：“不过吃点稀饭罢了。”触龙说：“我近来特别不想吃东西，只是勉强地散散步，每天走三四里，食欲有所增加，身体也舒畅了些。”太后说：“我做不到啊。”太后的怒色稍稍缓解了些。

原文：左师公曰：“老臣贱息舒祺，最少，不肖；而臣衰，窃爱怜之。愿令得补黑衣之数，以卫王宫。没死以闻。”太后曰：“敬诺。年几何矣？”对曰：“十五岁矣。虽少，愿及未填沟壑而托之。”太后曰：“丈夫亦爱怜其少子乎？”对曰：“甚于妇人。”太后笑曰：“妇人异甚。”对曰：“老臣窃以为媪之爱燕后，贤于长安君。”曰：“君过矣！不若长安君之甚。”左师公曰：“父母之爱子，则为之计深远。媪之送燕后也，持其踵，为之泣，念悲其远也，亦哀之矣。已行，非弗思也，祭祀必祝之，祝曰：'必勿使反。'岂非计久长，有子孙相继为王也哉？"太后曰："然。"

译文：触龙说："老臣的贱子舒祺年岁最小，不成器得很，而我已经衰老了，心里很怜爱他，希望他能充当一名卫士，保卫王宫。我特冒死来向您禀告。"太后答道："好吧。他多大了？"触龙道："十五岁了。不过，虽然他还小，我却希望在我没死之前把他托付给您。"太后问道："男子汉也偏爱他的小儿子吗？"触龙答道："比女人还偏爱！"太后答道："还是女人格外偏爱一些。"触龙说："我私下认为您对燕后的偏爱超过了长安君。"太后道："您说错了，我对燕后的爱远远赶不上对长安君的爱啊！"触龙言道："父母疼爱自己的孩子，就必须为他考虑长远。您把燕后嫁出去的时候，上车时拉着她的脚跟，还为她哭泣，想着她远嫁，您十分悲伤，那情景够伤心的了。燕后走了，您不是不想念她。可是祭祀时为她祝福却说：'千万别让她回来。'您这样做难道不是为她的长远考虑、希望她的子孙能相继为王吗？"太后答道："是这样。"

原文：左师公曰："今三世以前，至于赵之为赵，赵主之子孙侯者，其继有在者乎？"曰："无有。"曰：

“微独赵，诸侯有在者乎？”曰：“老妇不闻也。”“此其近者祸及身，远者及其子孙。岂人主之子孙则必不善哉？位尊而无功，奉厚而无劳，而挟重器多也。今媪尊长安君之位，而封之以膏腴之地，多予之重器，而不及今令有功于国，一旦山陵崩，长安君何以自托于赵？老臣以媪为长安君计短也，故以为其爱不若燕后。”太后曰：“诺，恣君之所使之。”于是为长安君约车百乘，质于齐，齐兵乃出。

译文：触龙说：“从现在的赵王上推三代，直到赵氏从大夫封为国君为止，历代赵国国君的子孙受封为侯的人，他们的后嗣继承其封爵的，还有存在的吗？”太后答道：“没有。”触龙又问：“不只是赵国，诸侯各国后嗣继承其封爵保持到今天的还有吗？”太后道：“我还没听说过。”触龙说道：“这大概就叫作：近一点呢，祸患落到自己身上；远一点呢，灾祸就会累及子孙。难道是这些人君之子一定都是不善之辈吗？但他们地位尊贵，却无功于国；俸禄优厚，却毫无劳绩，而他们往往位高权重（这就难免危险了）。现在您使长安君地位尊贵，把肥沃的土地封给他，赐给他很多权力，可是不趁现在使他有功于国，有朝一日您不在了，长安君凭什么能够让赵国依靠他呢？我觉得您为长安君考虑得太短浅了，所以认为您对他的爱不及燕后啊!"太后答道:"您说得对,听凭您的安排。"于是为长安君准备了上百辆车子,到齐国作人质。齐国于是出兵救赵。

原文: 子义闻之,曰:"人主之子也,骨肉之亲也,犹不能恃无功之尊,无劳之奉,而守金玉之重也,而况人臣乎!"

译文: 子义听到这事,说:"国君的孩子,可算是国君的亲骨肉了,尚且还不能凭靠无功的尊位、无劳的俸禄来守住金玉宝器,更何况是人臣呢!"

之所以说《触龙说赵太后》是一篇"善言",有三点理由:

其一,触龙"说"赵太后不是出于私心、私念,而是出于真心为国家的长治久安、为长安君的长远前途考虑(如"长安君何以自托于赵"等语),这不仅是赵太后接受的前提,也是此文作为"善言"的前提,"善念"方有"善言",若心中只存恶念,无论说出什么样的话都不可能是"善言"(俚语"狗嘴里吐不出象牙"是也)。

其二,触龙所"说",一切以事实(包括历史中的事实)为根据,如"媪之送燕后也,持其踵,为之泣,念悲其远也,亦哀之矣。已行,非弗思也,祭祀必祝之，祝曰：'必勿使反。'岂非计久长，有子孙相继为王也哉""尊长安君之位，而封之以膏腴之地，多予之重器"等。不妄言，无诳语，既真实可信又贴近人伦自然，符合人之常情，故能获得赵太后"诺"的肯定。

其三，触龙言说始终不离一个"理"字。《十善业道经》说"言必契理，言可承领，言则信用，言无可讥"，意思是说，言论一旦合理，就会欣然接纳，就会信实管用，就会无懈可击。触龙的话之所以能够让赵太后信服，关键在于他能够在动之以情的基础上，以理服人。触龙步步诱导，旁敲侧击，明之以实，晓之以理，全部对话无一字涉及人质，但又句句不离人质。迂回曲折之中尽显语言奥妙，循循善诱之余凸显事情必然。"理"即逻辑，愈是合理，逻辑就愈严密，就愈有逻辑力量。

为人处世离不开说话，今天的人们，若想把话说好，不妨多跟古人学学。

《诸葛亮舌战群儒》：

肃乃引孔明至幕下。早见张昭、顾雍等一班文武二十余人，峨冠博带，整衣端坐。孔明逐一相见，各问姓名。施礼已毕，坐于客位。张昭等见孔明丰

图 3-2　诸葛亮舌战群儒

神飘洒，器宇轩昂，料到此人必来游说。张昭先以言挑之曰："昭乃江东微末之士，久闻先生高卧隆中，自比管、乐[1]。此语果有之乎？"孔明曰："此亮平生小可之比也。"[2]昭曰："近闻刘豫州三顾先生于草庐之中，幸得先生，以为如鱼得水，思欲席卷荆襄。今一旦以属曹操，未审是何主见？"

孔明自思张昭乃孙权手下第一个谋士，若不先难倒他，如何说得孙权，遂答曰："吾观取汉上之地，

---

① 管仲，又称管敬仲。春秋时杰出的政治家、著名的军事家、军事改革家，以其卓越的谋略辅佐齐桓公成为春秋时第一个霸主。乐毅，战国后期杰出的军事家，魏将乐羊后裔，拜燕上将军，受封昌国君，辅佐燕昭王振兴燕国。

② 意为小小相比一下而已。

易如反掌。我主刘豫州躬行仁义，不忍夺同宗之基业，故力辞之。刘琮孺子，听信佞言，暗自投降，致使曹操得以猖獗。今我主屯兵江夏，别有良图，非等闲可知也。”

昭曰：“若此，是先生言行相违也。先生自比管、乐，管仲相桓公，霸诸侯，一匡天下；乐毅扶持微弱之燕，下齐七十余城：此二人者，真济世之才也。先生在草庐之中，但笑傲风月，抱膝危坐。今既从事刘豫州，当为生灵兴利除害，剿灭乱贼。且刘豫州未得先生之前，尚且纵横寰宇，割据城池；今得先生，人皆仰望。虽三尺童蒙，亦谓彪虎生翼，将见汉室复兴，曹氏即灭矣。朝廷旧臣，山林隐士，无不拭目而待：以为拂高天之云翳，仰日月之光辉，拯民于水火之中，措天下于衽席之上，在此时也。何先生自归豫州，曹兵一出，弃甲抛戈，望风而窜；上不能报刘表以安庶民，下不能辅孤子而据疆土；乃弃新野，走樊城，败当阳，奔夏口，无容身之地：是豫州既得先生之后，反不如其初也。管仲、乐毅，果如是乎？愚直之言，幸勿见怪！”

孔明听罢，哑然而笑曰：“鹏飞万里，其志岂群鸟能识哉？譬如人染沉疴，当先用糜粥以饮之，和药以服之；待其腑脏调和，形体渐安，然后用肉食以补之，猛药以治之：则病根尽去，人得全生也。若不待气脉和缓，便以猛药厚味，欲求安保，诚为难矣。吾主刘豫州，向日军败于汝南，寄迹刘表，兵不满千，将止关、张、赵云而已：此正如病势尫羸[1]已极之时也，新野山僻小县，人民稀少，粮食鲜薄，豫州不过暂借以容身，岂真将坐守于此耶？夫以甲兵不完，城郭不固，军不经练，粮不继日，然而博望烧屯，白河用水，使夏侯惇、曹仁辈心惊胆裂：窃谓管仲、乐毅之用兵，未必过此。至于刘琮降操，豫州实出不知；且又不忍乘乱夺同宗之基业，此真大仁大义也。当阳之败，豫州见有数十万赴义之民，扶老携幼相随，不忍弃之，日行十里，不思进取江陵，甘与同败，此亦大仁大义也。寡不敌众，胜负乃其常事。昔高皇数败于项羽，而垓下一战成功，此非韩信之良谋乎？夫信久事高皇，未尝累胜。盖国家大计，社稷安危，是有主谋。非比夸辩之徒，虚誉欺人：坐议立谈，无人可及；临机应变，百无一能。诚为天下笑耳！”这一篇言语，说得张昭并无一言回答。

座上忽一人抗声问曰：“今曹公兵屯百万，将列千员，龙骧虎视，平吞江夏，公以为何如？”孔明视之，

① 尫羸（wāng léi）：瘦弱。

乃虞翻也。孔明曰:“曹操收袁绍蚁聚之兵,劫刘表乌合之众,虽数百万不足惧也。”虞翻冷笑曰:“军败于当阳,计穷于夏口,区区求教于人,而犹言不惧,此真大言欺人也!”孔明曰:“刘豫州以数千仁义之师,安能敌百万残暴之众?退守夏口,所以待时也。今江东兵精粮足,且有长江之险,犹欲使其主屈膝降贼,不顾天下耻笑。由此论之,刘豫州真不惧操贼者矣!”虞翻不能对。

座间又一人问曰:“孔明欲效仪、秦之舌,游说东吴耶?”孔明视之,乃步骘也。孔明曰:“步子山以苏秦、张仪为辩士,不知苏秦、张仪亦豪杰也:苏秦佩六国相印,张仪两次相秦,皆有匡扶人国之谋,非比畏强凌弱,惧刀避剑之人也。君等闻曹操虚发诈伪之词,便畏惧请降,敢笑苏秦、张仪乎?”步骘默然无语。

忽一人问曰:“孔明以曹操何如人也?”孔明视其人,乃薛综也。孔明答曰:“曹操乃汉贼也,又何必问?”综曰:“公言差矣。汉传世至今,天数将终。今曹公已有天下三分之二,人皆归心。刘豫州不识天时,强欲与争,正如以卵击石,安得不败乎?”孔明厉声曰:“薛敬文安得出此无父无君之言乎!夫人生天地间,以忠孝为立身之本。公既为汉臣,则见有不臣之人，当誓共戮之：臣之道也。今曹操祖宗叨食汉禄，不思报效，反怀篡逆之心，天下之所共愤；公乃以天数归之，真无父无君之人也！不足与语！请勿复言！”薛综满面羞惭，不能对答。

座上又一人应声问曰：“曹操虽挟天子以令诸侯，犹是相国曹参之后。刘豫州虽云中山靖王苗裔，却无可稽考，眼见只是织席贩屦之夫耳[①]，何足与曹操抗衡哉！”孔明视之，乃陆绩也。孔明笑曰：“公非袁术座间怀橘之陆郎乎？[②] 请安坐，听吾一言：曹操既为曹相国之后，则世为汉臣矣；今乃专权肆横，欺凌君父，是不惟无君，亦且蔑祖，不惟汉室之乱臣，亦曹氏之贼子也。刘豫州堂堂帝胄，当今皇帝，按谱赐爵，何云‘无可稽考’？且高祖起身亭长，而终有天下；织席贩屦，又何足为辱乎？公小儿之见，不足与高士共语！”陆绩语塞。

座上一人忽曰：“孔明所言，皆强词夺理，均非正

① 刘备早年家贫，曾以织席子贩卖草鞋为生。

② 陆绩：汉末庐江太守陆康之子。博学多识，通晓天文、历算，星历算数。陆绩六岁时，随父亲陆康到九江谒见袁术，袁术拿出橘子招待，陆绩往怀里藏了两个橘子。临行时，橘子滚落地上，袁术嘲笑道：“陆郎来我家作客，走的时候还要怀藏主人的橘子吗？”陆绩回答说：“母亲喜欢吃橘子，我想拿回去送给母亲尝尝。”袁术见他小小年纪就懂得孝顺母亲，十分惊奇。后人有诗云：孝悌皆天性，人间六岁儿。袖中怀绿橘，遗母报乳哺。

论，不必再言。且请问孔明治何经典？”[1]孔明视之，乃严畯也。孔明曰：“寻章摘句，世之腐儒也，何能兴邦立事？且古耕莘伊尹[2]，钓渭子牙[3]，张良[4]、陈平[5]之流。邓禹[6]、耿弇[7]之辈，皆有匡扶宇宙之才，未审其生平治何经典。岂亦效书生，区区于笔砚之间，数黑论黄，舞文弄墨而已乎？”严畯低头丧气而不能对。

忽又一人大声曰：“公好为大言，未必真有实学，恐适为儒者所笑耳。”孔明视其人，乃汝阳程德枢也。孔明答曰：“儒有小人君子之别。君子之儒，忠君爱国，守正恶邪，务使泽及当时，名留后世。若夫小人

---

① 研治何经典：究、研习过那些经典？意谓孔明的话没有圣人的言论作支撑。

② 伊尹：中国商朝初年著名贤相、政治家、思想家，已知最早的道家人物之一。他也是中华厨祖，中原菜系创始人。约公元前16世纪初，伊尹辅助商汤灭夏朝，为商朝的建立立下汗马功劳。“以鼎调羹”“调和五味”，以“烹饪”理论治天下，与老子的“治大国若烹小鲜”同属一理。

③ 姜子牙：中国著名历史人物，商朝末年人，相传姜子牙72岁时垂钓渭水之滨磻溪，才遇到求贤若渴的西伯侯姬昌。姬昌认为姜太公是个奇才，请他坐车同归，并拜他为师，此即为“姜太公钓鱼，愿者上钩”一语的来源。

④ 张良：字子房，刘邦的重要谋士，与韩信、萧何并称为“汉初三杰”。

⑤ 陈平：西汉王朝的开国功臣之一。少时喜读书，有大志，曾为乡里分肉，甚均，父老赞之，他感慨地说：“使平得宰天下，亦如此肉矣！”

⑥ 邓禹：东汉开国名将，先后任过前将军、大司徒、太傅等职，屡被封侯。

⑦ 耿弇：东汉开国名将、军事家。

之儒，惟务雕虫，专工翰墨，青春作赋，皓首穷经；笔下虽有千言，胸中实无一策。且如扬雄[1]以文章名世，而屈身事莽，不免投阁而死，此所谓小人之儒也；虽日赋万言，亦何取哉！”程德枢不能对。众人见孔明对答如流，尽皆失色。

同坐上张温、骆统二人，又欲问难。忽一人自外而入，厉声言曰：“孔明乃当世奇才，君等以唇舌相难，非敬客之礼也。曹操大兵临境，不思退敌之策，乃徒斗口耶！”众视其人，乃零陵人，姓黄，名盖，字公覆，现为东吴粮官。当时黄盖谓孔明曰：“愚闻多言获利[2]，不如默而无言。何不将金石之论为我主言之，乃与众人辩论也？”孔明曰：“诸君不知世务，互相问难，不容不答耳。”于是黄盖与鲁肃引孔明入。至中门，正遇诸葛瑾，孔明施礼。瑾曰：“贤弟既到江东，如何不来见我？”孔明曰：“弟既事刘豫州，理宜先公后私。公事未毕，不敢及私。望兄见谅。”瑾曰：“贤弟见过吴侯，却来叙话。”说罢自去。

鲁肃曰：“适间所嘱，不可有误。”孔明点头应诺。引至堂上，孙权降阶而迎，优礼相待。施礼毕，赐孔明坐。众文武分两行而立。鲁肃立于孔明之侧，只

① 扬雄：西汉官吏、学者。少好学，口吃，博览群书，长于辞赋。
② 多言获利：追求语言上获胜，逞口舌之快。

看他讲话。孔明致玄德之意毕,偷眼看孙权:碧眼紫髯,堂堂一表。孔明暗思:"此人相貌非常,只可激,不可说。等他问时,用言激之便了。"

献茶已毕,孙权曰:"多闻鲁子敬谈足下之才,今幸得相见,敢求教益。"孔明曰:"不才无学,有辱明问。"权曰:"足下近在新野,佐刘豫州与曹操决战,必深知彼军虚实。"孔明曰:"刘豫州兵微将寡,更兼新野城小无粮,安能与曹操相持。"权曰:"曹兵共有多少?"孔明曰:"马步水军,约有一百余万。"权曰:"莫非诈乎?"孔明曰:"非诈也。曹操就兖州已有青州军二十万;平了袁绍,又得五六十万;中原新招之兵三四十万;今又得荆州之军二三十万:以此计之,不下一百五十万。亮以百万言之,恐惊江东之士也。"

鲁肃在旁,闻言失色,以目视孔明;孔明只做不见。

权曰:"曹操部下战将,还有多少?"孔明曰:"足智多谋之士,能征惯战之将,何止一二千人。"权曰:"今曹操平了荆、楚,复有远图乎?"孔明曰:"即今沿江下寨,准备战船,不欲图江东,待取何地?"权曰:"若彼有吞并之意,战与不战,请足下为我一决。"

孔明曰:"亮有一言,但恐将军不肯听从。"权曰:"愿闻高论。"孔明曰:"向者宇内大乱,故将军起江东，刘豫州收众汉南，与曹操并争天下。今操芟除大难，略已平矣；近又新破荆州，威震海内；纵有英雄，无用武之地：故豫州遁逃至此。愿将军量力而处之：若能以吴、越之众，与中国抗衡，不如早与之绝；若其不能，何不从众谋士之论，按兵束甲，北面而事之？”

权未及答。孔明又曰：“将军外托服从之名，内怀疑贰之见，事急而不断，祸至无日矣！”权曰：“诚如君言，刘豫州何不降操？”孔明曰：“昔田横，齐之壮士耳，犹守义不辱。况刘豫州王室之胄，英才盖世，众士仰慕。事之不济，此乃天也。又安能屈处人下乎！”孙权听了孔明此言，不觉勃然变色，拂衣而起，退入后堂。众皆哂笑而散，鲁肃责孔明曰：“先生何故出此言？幸是吾主宽宏大度，不即面责。先生之言，藐视吾主甚矣。”孔明仰面笑曰：“何如此不能容物耶！我自有破曹之计，彼不问我，我故不言。”肃曰：“果有良策，肃当请主公求教。”孔明曰：“吾视曹操百万之众，如群蚁耳！但我一举手，则皆为齑粉矣！”肃闻言，便入后堂见孙权。权怒气未息，顾谓肃曰：“孔明欺吾太甚！”肃曰：“臣亦以此责孔明，孔明反笑主公不能容物。破曹之策，孔明不肯轻言，主公何不求之？”权回嗔作喜曰：“原来孔明有良谋，故以言词激我。我一时浅见，几误大事。”便同鲁肃重复出堂，再请孔明叙话。权见孔明，谢曰：“适来冒渎威严，幸勿见罪。”孔明亦谢曰：“亮言语冒犯，望乞恕罪。”权邀孔明入后堂，置酒相待。

数巡之后，权曰：“曹操平生所恶者：吕布、刘表、袁绍、袁术、豫州与孤耳。今数雄已灭，独豫州与孤尚存。孤不能以全吴之地，受制于人。吾计决矣。非刘豫州莫与当曹操者；然豫州新败之后，安能抗此难乎？”孔明曰：“豫州虽新败，然关云长犹率精兵万人；刘琦领江夏战士，亦不下万人。曹操之众，远来疲惫；近追豫州，轻骑一日夜行三百里，此所谓强弩之末，势不能穿鲁缟[①]者也。且北方之人，不习水战。荆州士民附操者，迫于势耳，非本心也。今将军诚能与豫州协力同心，破曹军必矣。操军破，必北还，则荆、吴之势强，而鼎足之形成矣。成败之机，在于今日。惟将军裁之。”

读罢此文，令人不禁击节叫绝！善哉，此文！妙哉，此文！

与魏征、触龙不同，他们都是下级对上级的说

① 鲁缟：鲁国生产的一种白色的薄绢。

服，且目标单一，被言说的对象主观上无恶意且通达事理，而诸葛亮言说的对象没有上下的隶属关系，不仅目标复杂多变，主题扑朔迷离，而且这些对象主观上大多存有恶意。在此背景下，诸葛亮充分施展其个性魅力，做到了从容应对，侃侃而谈，纵横捭阖，游刃有余，终使“张昭并无一言回”“虞翻不能对”“步骘默然无语”“薛综满面羞惭”“陆绩语塞”“严畯低头丧气”“程德枢不能答”，以至众人“尽皆失色”，言说技巧之高、语言气势之大、因人（话）制宜之活、逻辑力量之强、论辩说理之透，堪称一绝，令人叹为观止，不啻是一篇“大善言”，同时亦是对老子“善言无瑕谪”的生动实践。

诸葛亮之辩之所以称得上是一篇“善言”，其一在于诸葛亮的言论以善意为基础，动机不仅善良而且正义，因为联合抗曹既有利于光复正统，又有利于东吴的存续。“理直”所以“气壮”，“气壮”则易于造就语势的磅礴，形成破竹之势。其二在于诸葛亮的言论一切以事实为中心，有典有故，有实有据，并能从同样的事实中引出不同样的结论。曹之百万大军，东吴众人视为雄师，畏之惧之，但在诸葛亮眼里，“如群蚁耳”，加之疲惫、不习水战、离心离德，“但我一举手，则皆为齑粉矣！”说理透辟，令人折服，赤壁一战，百万之师灰飞烟灭，足见诸葛亮此言不虚。其三在于诸葛亮的言论以逻辑为利刃，丝丝入扣，结论正确而毋庸置疑，如以韩信之谋、扬雄之死来展开推论；从苏、张二人豪杰本色入手来以守为攻；从为汉臣食汉禄、忠孝为本推出薛综的“无父无君”；以刘邦为例推出英雄不问出处；从伊尹、吕尚、张良、陈平、邓禹、耿弇“皆有匡扶宇宙之才”入手，推出“数黑论黄，舞文弄墨”之浅薄、言必称“治典”之荒谬……

总之，诸葛亮舌战群儒风头出尽，其娴熟的论辩技巧和厚重的言说内涵，堪称“善言”之经典，值得当今修炼“善言”者深味。

第四章

美言市尊

在老子看来，善意的、实事求是的、合情合理的表扬、鼓励、肯定、赞美，不仅是“善言”的有效表现形式，也是一种绝妙的“美言”。这种“美言”，能够鼓舞士气，调动情绪，极易让人形成一种满足感、成就感、认同感和幸福感，它既是一种心理暗示又是一种精神动力，催人不断奋进，走向成功。

但需要辨明的是，“善言”中包含有表扬、赞美的成分，也可以通过某种特定的美言形式来表达，但“善言”不等于美言，因为“善言”自始至终都有“信”在其中。而美言，除了其中一部分“善言”之外，有些夸奖、表扬、肯定、溢美、动听、辞藻华丽等，则与事实不符，甚至有夸大、颠倒、无中生有、言不由衷、惑众妖言或插科打诨乃至一些纯形式的套话等（比如，社交礼仪场合中的微笑、点头、夸奖，礼貌性的恭维，有意拔高的赞赏，善意的欺骗，甚至包括特定的“美丽谎言”等）充斥其间，少“信”、无“信”或“信”不足成较为普遍现象。尽管有些美言立足善意，但因其与事

实脱节，且逻辑大多不够严密，故不可称之为“善言”。正是在这个意义上，老子说：“信言不美，美言不信。”[1]（81 章）

恰如无为不是绝对地不为一样，不可信也不是绝对地没有一点可信的成分，美言中的有些话（纯粹虚构和颠倒黑白除外）即使是夸大，即使是溢美，但毕竟让人听着舒服，加之有一定的事实基础，尽管与该事实基础相吻合的部分很少，但仍有一定的真理颗粒，让人一听似乎也像那么回事，动听中混杂着似是而非的真实，直击人性弱点（喜欢听好话乃人之本性），因此美言总能大行其道、市场广阔。

按照老子的观点，美言基本上是一种不可信之言，但不可信并不等于没有用，更不等于没有价值（价值是就人的需要而言的，人性的弱点中就缊含着这种需要），恰恰在这个意义上，老子说：“美言可以市”或“美言可以市尊”。

《老子》62 章写道：“道者万物之奥，善人之宝，不善人之所保。美言可以市，尊行可以加人。人之不善，何弃之有！故立天子，置三公，虽有拱璧以先驷马，不如坐进此道。古之所以贵此道者何？不曰

① 意为可信的话不动听，好听的话不可信。

以求得，有罪以免邪？故为天下贵。”所谓“美言可以市，尊行可以加人”，元代杰出学者吴澄注解道：“嘉言可爱，如美物之可以鬻卖。卓行可宗，高出众人之上。”在《淮南子·人间训》《淮南子·道应训》中，这两句话的原文与王弼本有所不同，其文为“美言可以市尊，美行可以加人”，文气更为通畅。

老子这段话若用现代语言加以诠释，大致意思是，道是万物的本质，善人视之为法宝，不善人视之为依靠。美丽动听的语言可以换回别人的尊敬，美好善良的行为可以获得更多人的拥戴。既然不善之人也是把道作为保护伞的，那么，作为有道之君，怎么能抛弃不善之人呢？美行或尊行，作为更为根本的东西自然具有一种引人归附的感召力，但美言这种可以交换的商品若得到充分发挥（尤其是其中“善言”部分功能的发挥），对于团结不善之人则能达到一种神奇的效果，对他们的感化毕竟需要做更多的工作，比如，先用美言开启破冰之旅取得信任，再用善言、美行加以感化和教化。[①] 所以在天子即位、三公设置的隆重仪式上，虽是先奉拱璧后献驷马，哪比得上把“道”进谏给他们呢？古人之所以如此重视这个“道”，不就是因

① 真正珍贵的东西是不能作为商品来交换的，如良心、爱情、尊严、尊行等，无疑老子在这里为81章中的“美言不信”埋下了伏笔。

为主观的追求只有通过“道”才能满足、犯下的罪责只有依靠“道”才能消除吗？所以，这个“道”才为天下人所贵重啊！既然天下人都贵重道，那么，一国之君只有遵道守道，美言善行，才能让天下归心，万民拥戴。美言虽不是道的表现，但却能带来道的实现，尤其当一个社会长期处在承平时期、没有太多的大是大非需要厘清的时候，美言在调节人际关系中的地位更为突出，作用也更为巨大。一句“美言可以市”或“美言可以市尊”，不仅反映了老子对美言的高度重视，而且昭示了语言与尊严的高度关取性。

在人们的日常生活中，相对于“善言”而言，普通众生更容易做到“美言”，并能从“美言”中享受到无穷的乐趣。因为在人性最原始的欲望中，渴望被赞美和被肯定、热爱美同时希望别人肯定自己的美，几乎是孩童到耄耋从未改变过的一种审美本能，女性尤其如此。戴尔·卡耐基在《人性的弱点》一书中曾讲过这样一个故事，他说他的祖母在98岁那年，儿孙们把她30年前拍摄的一张照片拿给她看，她的老花眼已经看不清照片，但她所问的唯一一个问题是当时她穿什么衣服以及是否好看。可见，爱美之心人皆有之。爱美必然渴望被赞美，如果因为做了某一件事获得了赞美，人们更愿意继续努力，精益求精。在家庭教育、学校教育、人性化的管理团队中，这种美言也得到了广泛的采用并取得显著的效果。事实证明，太多的指责、批评、抱怨、较真，不仅不利于人际关系的和谐，也不利于人才的成长和培养。科学家曾做过这样的实验：在两个瓶子里装上米饭，每天对其中的一个瓶子不断说赞美、祝福的话，对另一个瓶子则不断地说批评、诅咒的话，一个月后，听到赞美、祝福的瓶子里的米饭呈现出一种发酵的样子，而听到批评、诅咒的瓶子里的米饭，则变黑腐臭。用水做实验得到的结果与此类似(图 4－1、图 4－2)：

图 4－1
经常听到赞美的水的结晶

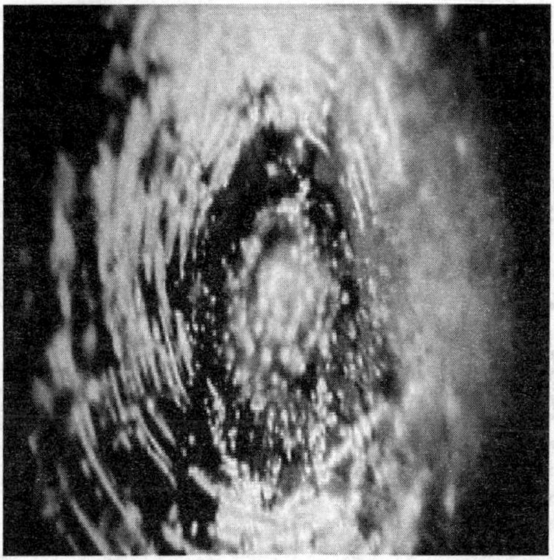

图 4-2 经常听到诅咒的水的结晶体

所以，赞美、表扬、肯定和鼓励，不管是出于真心、实事求是，还是言不由衷的客气话，总能起到人际沟通、人际和谐的润滑剂和黏合剂的作用，甚至给人带来人脉资源，使人从中获得益处。在这个意义上，美国人际关系学大师戴尔·卡耐基惊呼：会说话等“软本领”在人们成功的要素中已占到85%！

对美言的重视和利用，不仅老子关注，孔子亦十分赞同。“子曰：‘舜其大知也与！舜好问而好察迩言，隐恶而扬善，执其两端，而用其中于民。其斯以为舜乎！’”(《礼记·中庸》)孔子说，舜可以算是一个有大智慧的人吧！舜经常不耻下问，即使一些浅显的话语，他都愿意仔细倾听，包容和忽略别人的短处，极力赞扬和表彰别人的长处，总能把握事物的两个方面，不走极端，两方中和，用之于民，这就是舜之所以能成为舜帝的原因吧。在《论语》中，孔子又说："益者三乐，损者三乐。乐节礼乐，乐道人之善，乐多贤友，益矣。乐骄乐，乐佚游，乐宴乐，损矣。"有益的喜好有三种，有害的喜好有三种，以礼乐调节自己为喜好，以称道别人的长处为喜好，以有许多贤德之友为喜好，这是有益；喜好骄横，喜欢闲游，喜欢大吃大喝，这就是有害的。"乐道人之善"，有人把"道"解释为"导"，意为引导别人向善，虽义可通，实乃不确。孔子向来以学生自居，"三人行，必有我师焉；择其善者而从之，其不善者而改之"，岂有到处"导"人、好为人师之理？解释为引导显然与孔子的风格不符。

"君子扬人之善，小人扬人之恶""小人讦人之短，君子道人之长"，这一直是中国历史上君子与小人两条对立的言说路线。"扬人之善""道人之长""说人好话"向来是正人君子坚持和弘扬的一种文化传统。唐代诗人杨敬之的《赠项斯》正是这种传统的真实写照："几度见诗诗总好，及观标格过于诗。平生不解藏人善，到处逢人说项斯。”①这种传统之所以绵绵不绝，老子早在2500年前就曾一语道破：“美言可以市尊。”把人的尊严包括自己的尊严和别人的尊严的维护和肯定直接与美言联系起来，是老子在理论上的一个重大发现。自尊和尊严，类似于我们平常所说的“面子”，是人之为人的道德支撑点和制高点，互相肯定会带来愉悦、激励和成就感，互相否定则会带来愤怒、消极和挫败感。尊严的维护或伤害，除了经济、政治、精神层面的因素以外，更主要和直接的则体现为语言层面的因素，语言上的肯定或否定往往是经济、政治、精神上肯定或否定的先导或宣示，而人们遇到的大量关于尊严的肯定和伤害大多直接发生在交往的语言中。美国人本主义心理学家亚伯拉罕·马斯洛的“需要五层次论”，把尊重的需要看作介乎社交和自我实现需要之间的一种高级需要，同样看到了社会交往及其交往语言在满足自尊需要上的地位和作用，某种程度上与老子的观点不谋而合。

① 意为每当看到项斯的诗总觉得写得好，及见本人发现其人品比诗还要好，平生最不能理解的是为何总有人爱把别人的优点隐匿起来，而我则是逢人便夸赞项斯之优长。可见，做到隐恶扬善，不仅要有大智慧而且要有大胸襟，对于有些人，不隐你的善扬你的恶就算是谢天谢地了，岂敢奢望他隐你的恶而扬你的善?!

在人际交往中，由于语言关乎人的自尊，在许多情况下即使所言属实，亦不宜当面讲或照直讲。形貌丑陋者和身有残疾者大多有很强的自卑感，不愿意谈甚至不愿意听到与自己的短处相关的话题，如秃顶忌说（听）“亮”，胖子忌说（听）“肥”，矮子忌说（听）“武大郎”，貌陋忌说（听）“丑八怪”，跛子忌说（听）“举足轻重”，驼背忌说（听）“忍辱负重”等，如果有人以讥讽的口气当众指出并以此取乐，不仅会给他们造成伤害，而且极易激怒他们。假如不顾事实，极力赞美，亦同样会被理解为故意的讽刺挖苦并伤其自尊；人如果不触碰这个“底线”或采取与赞美具有同等性质的勉励等语言，则会取得截然不同的效果。

经常听到有人抱怨领导对自己不公或抱有成见，为与领导处不好关系而苦恼不已，尽管其中原因很多，但不会说话可能是一个最直接的原因。有些人喜欢当面顶撞领导或当众指出领导语中的错误，这必然引起领导的极大反感，关系自然处不好。之所以会引起极大反感，就是因为你的那种“言”不仅不能“市”领导的“尊”，而且还伤了他的“尊”，自然你就不会有好果子吃，即使是普通群众在自尊受到伤害的情况下也不会有好脸色。不是说领导不能顶撞，也不是说领导话中的错误不能纠正，关键是注意方法和把握场合。

在朋友聚会或聚众聊天的时候，经常会遇到这样一些人：说话极不靠谱或说话内容谬误百出，一旦被人指正，不仅恼羞成怒，而且绝不更改并死扛到底，最后弄得不欢而散。这种人之所以不认错，就是因为一旦当众认错，就等于伤了面子、丢了自尊。戴尔·卡耐基在《人性的弱点》一书中讲过这样一个例子：

> 有一天晚上，他参加一个欢迎宴会，坐在他旁边的一个人讲了一个幽默故事，而这个幽默故事与“无论我们如何粗俗，有一位神，就是我们的目的”有关，这位故事讲述者反复强调这句话是出自《圣经》。卡耐基当面向他指出他讲错了，这句话出自莎士比亚的《哈姆莱特》。这个人听后大吃一惊，说：什么？出自莎士比亚？不可能！简直不近情理！那句话绝对出自《圣经》！卡耐基的一位专攻莎士比亚研究的朋友加蒙恰好坐在卡耐基的另一边，大家期望加蒙来给个说法。加蒙先生用脚碰了碰卡耐基，然后平静地说：戴尔，你错了，是出自《圣经》，这

位先生是对的。当晚回家的时候,加蒙对卡耐基说:你的说法是对的,这句话出自莎士比亚的《哈姆莱特》第五幕第二场。但我们是被邀请来参加盛会的客人,为什么要证明一个人是错的?那能使他喜欢你吗?为什么不让他保住面子?他并没有征求你的意见,也根本不需要你的意见。

卡耐基最后总结说:这真是一个永远的教训!

在日常交往中,自己不说令人难堪、伤人自尊的话,是维系正常人际关系的基本条件,同时亦应学会和锻炼自己承受和化解来自别人的、伤己自尊的"不良话语"的能力,因为这同样是维系和谐人际关系甚至国与国关系的条件。在这一方面,周恩来总理为我们树立了典范,下面列举若干流传甚广的有关周总理的故事(这些故事毕竟反映了人们对周总理的爱戴,即使不完全属实亦无关紧要),以飨读者。

有一次,美国代表团来华访问,曾有一名官员当着周恩来总理的面说:"中国人总喜欢低着头走路,而我们美国人却总是昂着头走路。"此语一出,语惊四座。话里明显包含着对中国人的轻蔑，在场的工作人员十分气愤，囿于外交场合难以斥责对方的无礼，如果忍气吞声，听任对方羞辱，那么人格国格何在？周总理不慌不忙，脸带微笑地说："这并不奇怪。因为我们中国人走的是上坡路，而你们美国人走的是下坡路。"周总理的回答不仅没有打破友好的气氛，而且让那位美国官员自取其辱。

在一次记者招待会上，一个西方记者不怀好意地问道："中国人民银行总共有多少资金？"这位记者提出这样的问题，无非是嘲笑中国穷，实力差，国库空虚。周恩来总理委婉地说："中国人民银行的货币资金嘛，总共有18元8角8分。"当他看到众人不解的样子，又解释说："中国人民银行发行的面额为10元、5元、2元、1元、5角、2角、1角、5分、2分、1分的10种主辅人民币，合计为18元8角8分。"周恩来总理的过人智慧和幽默风度，令在场所有人员折服。

另一次记者招待会上，一位西方记者问道："请问总理，在你们中国，明明是人走的路为什么却要叫'马路'呢？"言外之意是中国人都是像马一样的牲口。周总理不假思索地答道:“我们走的是马克思主义道路,简称马路。”这种回答,既不伤和气,又喻示中国的道路光明正大。

在日内瓦会议期间,一位美国记者先主动和周恩来握手,周总理出于礼节没有拒绝,不料这位记者握完手后,忽然大声说:“我怎么能跟中国的好战者握手呢?真不该!真不该!”立即拿出手帕不停地擦手,然后若无其事地把手帕塞进裤兜。中美当时处于敌对状态,周恩来总理的一贯主张,是把当权者和普通美国民众分开。他对普通美国民众一直是友好的,包括新闻记者在内。所以,在那个美国记者主动要握手时,他没有拒绝。但这个记者纯粹是要使周总理难堪,否则不会主动握手又懊悔不迭地擦手。当时大堂里有很多人,都在看周恩来如何下台。那位记者刚把手帕放进裤兜,只见周恩来不慌不忙地从自己的口袋里也拿出手帕,随意地擦了几下,然后走到拐角处,把手帕扔进了痰盂里,说:“这个手帕再也洗不干净了,只有扔掉了!”周恩来总理对事件的处理,既没有违背外交礼节,又有力地回击了那个别有用心的记者，使在场的人们深感敬佩。

周恩来总理上述一系列外交事件的成功处理和应对，反映了一个泱泱大国总理的高尚风范，他所使用的语言与其说是美言还不如说是善言，有着极强的感召力和逻辑穿透力，不仅为自己赢得了尊重，而且有力地捍卫了国家的尊严！

美国作家马克·吐温同样是一个化解语言伤害的高手，他大多采取一种幽默的方式来回应伤害他的语言，很值得我们学习和效法。

> 有一次，马克·吐温正好与一位贵夫人相对而坐，他赞美她说："你好漂亮啊！"那位夫人高傲地说："但我实在无法用同样的语言去赞美你。"而马克·吐温毫不介意地说："没关系，你也可以像我刚才一样随便说上一句谎话。"那位傲慢的夫人在马克·吐温机智幽默的回应下也只有"哑巴吃黄连"了。

正因为语言与尊严密切相连，所以戴尔·卡耐基等人从这种关系中发展出一种引导人们说"是"的语言交往技巧。道理很简单，如果对同一问题从一开始就回答"是，是的"，中间也是"是，是的"，那么关于这一问题的最后答案就不可能再改口说“不”了，一种本性的自尊会迫使人们坚持下去（若开始回答“不”，情况与此相同）。这不是一个思维惯性的问题，而是一个尊严、面子的问题，恰如前面讨论过的“当众指出别人的错误必得不到改正”的情形一样。

家喻户晓的日本动画片《聪明的一休》中的一休，是善于在语言上引导别人说“是”的高手。有这样一则关于一休的故事：

> 一次，日本大将军足利义满准备在安国寺举行盛大的品茶会，把一只珍贵的龙目茶碗暂时存放在安国寺，不料却被一休打碎了。后来品茶会取消了，足利义满通知安国寺外鉴法师把龙目茶碗带到他府上去。外鉴法师吓得不知所措，一休却安慰他说不用怕，我与你一起去说明情况。见到足利义满将军后，一休笑呵呵地问将军：“义满大人，人或动物以及世界上一切有生命的东西最终都会死，对不对？”义满将军被这突如其来的问题吓了一跳，他眼珠一转答道：“这个嘛，有生命的东西到了一定的时候都是会死掉的。”一休又问道：“世界上一切有形的东西最终都会破碎消失，对不对？”义满将军答

道："是这样。"一休接着问道："这种破碎消失谁也无法阻止，对不对？"义满将军又答道："是这样。"听罢义满的回答，于是一休说："您的那个有形的龙目茶碗已经无法阻止地破碎了，请您原谅，碎片全在这儿。"边说边从怀里掏出一包碎片，双手捧到义满的面前。义满将军已经连续回答了几个"是"，加之事已至此，也就不好再追究下去了。

一休通过引导义满将军答"是"成功地避免了一场灾难，是在"尊"上下功夫而进行说服的成功范例，对于劝谏尤其是过去对于皇帝的劝谏，大凡成功者也大多赢在这个"尊"上。

下面这个故事是据《贞观政要》记载的。

唐太宗在宫中饲养了一匹骏马，有一天，这匹马无病而亡，太宗大怒，要杀掉马夫。长孙皇后是这样劝谏的：从前，齐景公因为马死要杀马夫，晏子历数马夫的罪行：你把马养死了，这是第一条罪状；你使得国君因马的原因杀人，老百姓知道了，必定非议国君，这是第二条罪状；邻国知道了这件事，必定认为我们国君重马轻人，会进而小看我们国家，这是你的第三条罪状。结果齐景公打消了杀死马夫的念头。陛下，您读书时曾多次读到过这段史实，难道现在忘记了吗？唐太宗听后怒气全消，赦免了马夫。

长孙皇后在劝谏时，没有直接说唐太宗的做法如何不对，而是借用历史典故明着数落马夫的过失，暗指唐太宗的不妥，既讲了道理，又给足了面子，所以是一次成功的劝谏。

《三国志·简雍传》记载的故事是这样的：

刘备入蜀以后，有一年遇上大旱，粮食紧张，为筹措军粮，遂颁布禁酒令，规定私自酿酒者及私藏酿酒器具者按有罪论处。刘备和简雍在路上溜达的时候，正看到官吏从民家搜得酿酒器具，刘备大怒，要求官吏按私自酿酒加以重罚。为劝谏刘备改正这种过于严苛的做法，简雍手指路边行走的一对男女，对刘备说："他们欲将行淫，主公为何不派人将他们抓起来治罪？"刘备觉得奇怪，便问道："你怎么知道他们欲将行淫？"简雍答道："他们身上都藏有行淫的器具，与在民家搜得酿酒器具一样。"刘备听罢大笑，于是将私藏酿酒器具的农户放了。

简雍的劝谏同样是在照顾刘备"面子"的前提下进行的，因而，与长孙皇后一样，取得了良好的效果。

既然语言与尊严相关，那么选择什么样的语言才能体现对别人的尊重和换回（"市"）别人对自己的尊重，就显得特别重要。有一句话叫作你怎样对待别人，别人也将怎样对待你。你当众揭短或使用批评、嘲讽、抱怨、轻蔑的言辞对待别人，别人也会在合适的场合用同样的言词来对待你，毁人尊严最后必然是自毁尊严，此当为天下戒！因为没有人喜欢听这种话。前人提出的"闻过则喜"的古训，这是极少数圣人的行为，也是道德建设中的一种期待。相反，恰当的赞美、表扬、恭维、肯定、鼓励不仅能带来自尊而且能够"市尊"，必将为人际关系的和谐提供助力，为个人事业的成功开辟广阔的空间。你尊重别人，别人就会给你好处；你不尊重别人，别人就会要你好看。戴尔·卡耐基在《人性的弱点》一书中讲了这样一个颇具启发性的故事①。

高伍先生是和你我一样平常的普通人，有

① 引用时作者进行了改写。

一次，他在一个培训班上的演讲中讲了这样一件事——

华克公司在费城承包了一幢办公大厦的建筑工程，这个工程必须在合同规定的日期完工。一切都进行得很顺利。当这个工程快要完工时，负责建筑物外部装饰材料的供应商突然声称他不能按期供货。这样，整个建筑工程都将受到影响——所产生的直接后果是公司将遭遇巨额的违约赔偿！

华克公司高层与这家供货公司的总经理进行过无数次的电话磋商，争论、争吵、争辩，愤怒、赌气以及扬言报复，但这一切都无济于事。于是华克公司派高伍先生前去远在纽约的这家供货公司专门进行协调。

“你知道吗？你的这个姓氏在布鲁克林是独一无二的。”这是高伍先生走进这家公司总经理办公室的开场白。这位总经理很是诧异：“真的吗？这个我确实不知道。”

“哦，”高伍先生说，“今晨我下火车后，翻阅电话号码簿找您的地址，电话号码簿中只有一个名叫勃罗克林的，难道还不是独一无二吗？”

“我还真不知道这个情况呢。”总经理一边

说着一边饶有兴趣地翻阅着电话号码簿,随后自豪地说:“这确实是一个很特殊的姓氏,因为我的家族是在 200 多年前由荷兰迁到纽约来的。”他花了大约 10 分钟的时间来谈论他的家族。在总经理说完后,高伍先生表示钦羡,并不失时机地对他目前所取得的成功恭维不已:“您这家铜器工厂,是我所见过的最清洁的一家。经营这么一家大厂子,可真不是一件容易的事情啊!”

“这是我耗费了一生的精力所经营的一项事业,”总经理说,“我很自豪。您肯赏光仔细地看看我的工厂吗?”在参观的过程中,总经理介绍了那些机器的性能、运转方式以及制造出的特色产品等。高伍先生听后大加赞赏,并告诉他这个厂要比其他几家竞争对手更有优势,并详细介绍了当时之所以选择这家工厂作为供货商的原因所在。双方相谈甚欢,临近中午,总经理坚持要与高伍先生共进午餐。请注意:直到这时,高伍先生只字未提他这次造访的真正目的。

午餐以后,总经理说:“现在,言归正传,我自然知道你为何事而来。想不到我们的见面会这么开心，你大可放心回费城，你们需要的材料我一定保质保量在规定的时间送到。”

高伍先生甚至没有请求，就得到了他所要的答案：材料按期交付，整个建筑工程在合同期满前提前两天完成。在这种情形下，如果高伍先生采用平常惯用的争论、辩论、愤怒、指责、威胁、谩骂等冲动的语言，他能有这种圆满的结果吗？

当然，赞美并不是不看对象、不讲方法、不分场合、不论原则和内容的，同样赞美的话，你说可能不行，他说就行；今天说不行，可能明天说又行；对这个人说不行，可能对那个人说又行；对同事说不行，对领导说却行；对晚辈说不行，对长辈说却行；对男人说不行，对女人说则行；当面说效果不佳，背后说则效果更好（这可从背后说人坏话往往能带来持久的破坏力的现象中得到反证）；直接说效果不佳，借“第三者”口吻说则作用更大。如此等等，不一而足。

我们所处的这个社会，是由男人和女人组成的，尽管人人都渴望被赞美，但男人和女人因其生理特点和社会角色的差别，对赞美之类的语言需求和反应则明显不同。男女都要自尊，都好面子，但男人对自尊和面子的热爱与敏感程度要高于女性，男人可以为了面子大动干戈，一旦你说话伤了他的面子，他可以让你友谊中断、恋爱告吹、生意泡汤。因此，维护男人自尊的赞美一般可聚焦在赞美男人的事业有成，赞美男人的处变不惊，赞美男人的敢于担当，赞美男人有风度、有深度、有涵养……女人天性温柔爱美并尽可能地追求完美，由于社会角色的定位，她们更喜欢和愿意把自己的价值体现在相夫教子、家庭温馨，家务操持、体貌妆扮、情操涵养等方面，因此，维护女人自尊的赞美一般可集中在赞美女人的温柔贤惠，赞美女人的巧手持家，赞美女人的衣服漂亮，赞美女人的保养有方，赞美女人的气质出众或者赞美女人的孩子出息，赞美女人的丈夫优秀等方面。随着女人社会地位的提高和社会评价的多元化，赞美女人职场有作为、举止有个性等也逐步流行开来。

女人天生喜欢被赞美、渴望被关注、希望被肯定，对赞美的热望及敏感度远远高于男性。个中原因，可能是一方面在女人身上确实聚集了太多的美的元素，如美貌、美臀、美腿、美腰、美胸、美肌、美唇等；另一方面历史上长期存在的男权社会极易使女人形成一种依附性、辅助性的社会角色定位，这种角色天然具有一种渴盼肯定和认可的冲动。即使长相不太靓丽的女性同样渴望别人发掘和肯定她身上的“另类美”，如贤惠、温柔、性感、能力强、气质好等，《我很丑，可是我很温柔》这首歌若用来描述这类女人，则准确地反映了这种心声。

从男女关系的角度，在一定意义上，可以把女人定义为听觉动物，把男人定义为视觉动物（这种定义只具有相对的意义，若脱离开男女之间的关系或从绝对的意义上考量，这种定义纯属无稽之谈）。女人“听”什么？听绵绵情话，听赞美肯定，听欣赏认可，听呵护关心，听她喜欢听的一切。听多了，自然要说；本该听到而没有听到，自然更要说（有些妻子经常抱怨丈夫婚前有说不完的话，婚后却无话可说）。所以，我们经常见到女人之间一旦交流起来就没完没了，好像有说不完的家长里短、唠不完的儿女情长。女人多话和八卦，就像女人逛街和购物一样稀松平常。

男人“视”什么？视美景、美物、美食、美色，以及女人眼中对自己的崇拜。就与女人的关联而言，男人最看重的是美色，对男人最具有视觉冲击的是女人呈现的各种外在的美。男人在跟女人打交道的头一回很难对她是否有居里夫人的大脑、希拉里的才华产生直接的兴趣。男女之间“听觉”“视觉”的偏好从一些征婚广告里面也能看出端倪：男人征婚，总喜欢夸耀自己的责任能力和经济实力，并常常宣称“酷爱文学和艺术”，因为他们知道女人喜欢听什么；女人征婚，只需要放一张漂亮的照片足矣，因为她们知道男人最想看什么。

男人看到女人的美总会有所表现，如赞美、惊叹和向往，这是男人见到美丽女人（包括心灵美、气质美等）呈现出的三部曲。视觉动物的特性必然决定男人大多比较好色，好色从一定意义上说也是对女性美的一种特殊的赞美方式，反过来更能刺激女性对美的执着追求。美人广告、美眉大赛、美模表演等美女经济的兴起，可以看作男人或社会对女性美丽特质的推崇、鼓励和赞美的群体性表达。在男女关系的心理层面，男女欲求并不一致，一般而言，男人需要崇拜，女人需要宠爱；男人需要面子，女人需要光鲜；男人需要关怀，女人需要疼爱；男人喜欢独处，女人需要陪伴；男人害怕冷落，女人害怕冷战。不管双方如何不同，但对赞美、肯定、恭维、表扬、鼓励的需求则是一致的。

在现实的婚姻中，一个家庭的和谐、幸福不仅需要夫妻双方的容忍和包容，更需要双方的赞美与欣赏。电影《我不是潘金莲》中有这样一个桥段：

下属宴请退休的领导夫妇，看到领导夫妇二人相亲相爱，忍不住问道："您夫妻恩爱几十年，有什么秘诀，能否给我们年轻人传授一下？"老领导说："就一个字。""哪个字？"下属迫不及待问道。"忍！"老领导的声音刚落，坐在旁边的领导夫人啪地一拍桌子，大声地说道："四个字！一忍再忍！"

忍，就是包容、宽容和谅解，这是维系婚姻关系的基本功，但总给人一种被动、悲情的色彩，而赞美和欣赏则更能主动地、动态地、鲜活地维系夫妻感情和家庭和谐。女人并不希望吵架和怒骂，但是也绝对不愿听不到任何声音。她们经常抱怨自己的丈夫不像以前一样赞美自己、关心自己，这似乎表示她已经失去了吸引力。她不想自己面对的是一个用沉默来折磨自己的丈夫，她们希望能够像新婚时那样听到丈夫对自己多说几句赞美的话，从而让自己高兴起来。对于丈夫来说，奉承可以让妻子不顾一切地去做任何事情：只要称赞妻子持家有方，她就会把自己的最后一分钱都拿来贴补家用；只要赞美妻子去年买的过时的衣服漂亮，她就不会想着去买巴黎的高级时装；只要给她一个亲吻，就能够让妻子心甘情愿地为自己操劳。对于妻子来说，奉承和赞美丈夫，其效果亦同样明显。请看案例。

故事一：

儒勒·凡尔纳是19世纪法国著名的科幻小说家，他一生共写了104部科幻小说。当初他的第一部科幻小说《气球上的五星期》接连被15家出版社退稿。他失望至极，打算将书稿付之一炬。他的妻子对他说："亲爱的，你写得棒极了！是他们有眼无珠，不识真货，请不要泄气，我相信你一定会成功的，再试一次吧！"在妻子的赞美和鼓励下，他尝试着走进了第16家出版社。出版社老板阅读后，当即表示同意出版，并与他签订了一个为期20年的写作出版合同。凡尔纳成功了，他的成功既艰辛又幸运，因为他遇到了一位好妻子。另一位丈夫却没有那么幸运，他娶了一位被戏称为"打岔专家"的妻子，他在一次宴会上，兴致勃勃地跟朋友们谈起了某一位将军的事迹，他正说得起劲，他的那位"打岔专家"插话说："先生，请不要再说了，如果你能有他一半的才能，也不会像今天混的那么糟糕，果真如此，我也就心满意足了。”她就是这样在大庭广众之下给她的丈夫泼冷水并激烈地批评她的丈夫。后来，她的丈夫与她离了婚。

故事二：

当珍妮·维茜嫁给杰姆斯·克力尔的时候，许多人嘲笑这是一桩极不协调的婚姻，甚至有人说，这简直就是“鲜花插在了牛粪上”。维茜是一个非常漂亮并且拥有大量遗产的女孩，而她的丈夫却是一个一文不名的家伙，并且看不出有什么前途，所有人都知道他粗鲁、愚蠢且没有教养。而维茜却对他的才能极度赞赏并深信他是当代少见的天才诗人，终将会出人头地。她不顾一切地爱上了克力尔，几乎放弃了自己以前的全部生活，陪他住到乡下，一心一意地在生活上照顾他。她成了一个称职的家庭主妇，买菜做饭，操持家务，并悉心照料丈夫的胃病，总是鼓励他去做自己想做的事情，驱散他心中的抑郁。“我从不去指责和批评他什么，”维茜在一封信中说，“包括他的粗鲁和没教养。正好相反，我认为这都是他的个性，而我爱的是他的全部。为什么一定要把每个人都变成一个模型呢？我总是在帮助他，这一点他一直很感激我。”结果如何呢？克力尔最后成了爱丁堡大学的校长，写出了传世名著《法国大革命》和《克莱沃尔的一生》，而他们在顿查尔的住所也成了文化界著名的文化沙龙。

杰克的妻子却与珍妮·维茜不同，杰克找了一份推销员的工作，由于是新手，业绩并不是很好。每天回到家，他的妻子总是对他说：“我的天才推销家，今天是不是又成交了好多笔买卖？我怎么没有看到你带回家的佣金呢？看你脸上的表情，好像又被经理臭骂了一顿吧？”这种愚蠢的嘲笑持续了很多年，杰克始终隐忍不发。如今，杰克已经是一家有名公司的经理了，他与他的妻子离了婚，现在的妻子既年轻又善解人意，在事业上鼓励他，在生活上支持他。而他的前妻好像很无辜一样，逢人便说：“他怎么能这样对待我呢？他穷苦的时候是我在陪伴他，他现在成功了却离我而去，又找了一个更加漂亮和年轻的女人。”这又有什么不可理解呢？你为什么不能容忍丈夫一点，少一点批评和指责，多一点鼓励和赞赏呢？当你讽刺、挖苦、羞辱你的丈夫时，事实上你就在扼杀他努力改变的动力和愿望。社会学家一再告诫我们：批评和指责只会使家庭不和，使婚姻破灭。

故事三：

蒙哥马利是英国历史上著名的军事家。38岁时还是一个光棍。没有人想到这个声名显赫的将军会爱上一位军人的遗孀——卡菲尔夫人。蒙哥马利不在乎别人的目光，只在乎自己内心的感情。他们在齐奇克教区的一个教堂里举行了婚礼，开始了他们幸福的婚姻生活。蒙哥马利并不像一般的军人那样脾气暴躁，在整个婚姻生活中，他几乎没有过任何粗鲁、失礼的言行。相反，他对自己的妻子从来都是温良恭俭让，他与妻子之间似乎有说不完的甜言蜜语。当贝蒂·卡菲尔做了一件家务的时候，他总是会对妻子说一声“谢谢，你干得太好了”。他总是赞美他的妻子漂亮；他总会开一些玩笑来逗妻子开心。他千方百计地使妻子感到幸福和满意，并从中获得快乐和满足。

他们的婚姻持续了10年，1937年的春天，当贝蒂在海边散步的时候，不幸被毒虫咬伤了。蒙哥马利赶到医院，日夜守护，寸步不离，最后，贝蒂因伤口毒性发作，在蒙哥马利的怀里安然去世。在她临死前的几分钟，蒙哥马利还在为她朗诵《圣经》和赞美诗。贝蒂去世后，蒙哥马利把她作为一生中唯一的恋人而再未婚娶，可见，他们的婚姻是多么的快乐、幸福。

无独有偶，俄国女皇凯瑟林，曾是世界上最大帝国的统治者，她有着至高无上的权力。她是一个残暴的女人，发动过数次战争，杀害过无数仇敌。但是她的婚姻生活却十分幸福，因为她对家里的每一个人都很温和。她从不疾言厉色地对家人进行批评和指责。家人犯了错误，她能包容，微笑着好像什么事都没有发生一样；家人做得对做得好的，又总是挂在嘴上时时赞扬。因此，家庭里充满着温馨与和谐。

不可否认的是，女人的喋喋不休和蛮不讲理是婚姻的最大杀手，但女人为何会走到如此地步？我们知道，作为举世闻名的古希腊哲学家苏格拉底，他在婚姻方面是个不折不扣的失败者。他在 40 岁秃顶之后，依靠滔滔辩才赢得了年仅 19 岁的漂亮姑娘赞佩茜的芳心，随后成功走向婚姻。他的那位娇妻在婚后却变成了苏格拉底眼中的“泼妇”。也许一般人都会对他的妻子赞佩茜说三道四，认为是赞佩茜

图 4 - 3 苏格拉底与赞佩茜

一手造成了他们婚姻的不幸,但据那些熟悉苏格拉底的人说,恰恰是苏格拉底应负主要责任。他在得到赞佩茜之后,不仅要求赞佩茜做一个听话的、传统的、保守的妻子,稍有偏离就大加责骂,而且经常用沉默来对待她。年轻的赞佩茜自然无法适应苏格拉底的要求,对其沉默更是忍无可忍,所以她常常用粗暴的脾气来发泄心中的愤怒。有婚姻专家指出,如果婚后的苏格拉底仍能像婚前那样对赞佩茜有着说不完的情话,滔滔不绝地赞美她,那么赞佩茜就不会变成那个向苏格拉底兜头泼下一桶洗脚水的"泼妇"。

据一些婚姻专家研究证明,因为某种无法解释的原因,男人比女人更加喜欢争辩,令人不解的是,很多男人却很少在自己的妻子面前争辩。当他吃到妻子做的自己不喜欢的晚餐的时候,他可能会放下饭碗去看电视,却并不跟妻子解释原因;当他觉得妻子的妆化得过浓的时候,他也会不置一词,不劝谏、不评价、不表态。好像他们以为只有这样才能相安无事,才会让家庭平静。

戴尔·卡耐基曾讲过这样一件事情:

他的一个作家朋友有一天找到他,这位朋友说:"我妻子是一个'泼妇',喜怒无常,很难伺候。她的工作并不辛苦,但一回到家却常常唉声叹气,常常莫名其妙地就大吵大闹起来,家中不曾有过片刻安宁。"卡耐基说他的这位朋友生性安静,沉默寡言,擅长用笔写作而不善于用嘴表达,于是他向这位朋友建议道:"你试着多陪她说说话,也许她所做的一切都只是想要你多说几句话而已。"一星期以后,他的这位朋友来见他,高兴地说:"的确如此。我现在不断地赞美她,对她嘘寒问暖。她的脾气原来还是挺好的。"

事实上，在很多情况下，男人在家庭中所忽视的东西往往是女人所看重的东西，如一句问候、一句关心、一句爱意表达，或者善意的提醒、幽默的规劝，这本来是无关紧要的东西，但却常常能够使女人欣喜不已。既然如此，为什么要用沉默、粗暴来折磨女人呢？家庭中的任何暴力——硬暴力、软暴力或冷暴力，并不意味着强大（即使强大也于事无补），他们都比不上源于内心深处生发的温言、暖语、礼赞。

有这样一个寓言：

> 风想证明自己比太阳强大，于是对太阳说："我比你强大多了，我能瞬间吹去人们穿在身上的衣服。"风让太阳躲起来，自己开始发威。但是，风刮得越大，人们把自己的衣服就裹得越紧。最后，筋疲力尽的风不得不放弃所有的努力。此时，太阳从乌云后面钻出来，不断地向人们释放着温暖，人们开始出汗，接着，一件件的衣服被脱了下来。太阳对风说："朋友，请记住：柔弱温暖的力量远远大过粗暴强制的力量！"

夫妻之间的沟通又何尝不是如此？无怪乎老子告诫人们："美言可以市尊""柔弱胜刚强""强梁者不

得其死”。

在人们的日常生活和交际实践中，“美言”不仅包括善意的赞美、肯定、表扬、恭维，还包括消除紧张和局促而在交际语言中广泛使用的幽默、风趣、搞笑等。在这些形式配合下的赞美，往往能够获得一种立竿见影的回报。日本保险巨人原一平的成功充分地说明了这一点。

1904 年，原一平出生于日本长野县。23 岁时，独自到东京闯天下。1930 年进入明治保险公司成为一名“见习业务员”。为了节约开支，他过起了苦行僧式的生活。为了省钱，可以不吃中午饭；为了省钱，可以不坐公交汽车；为了省钱，可以居住小得不能再小的房间。

图 4-4 原一平

在工作访谈中，他总是以“赞美”对方开始。他深知，“赞美是畅销全球的通行证。”客户、准客户，都渴望别人真诚的赞美，懂得赞美就能成功地推销自己。有一次，原一平去拜访一家商店的老板，开始了如下对话：

“先生，你好！”

“请问您是？”

“我是明治保险公司的原一平，今天我刚到贵地，有几件事想请教您这位远近闻名的老板。”

“什么？我远近闻名？”

“是啊，根据我们调查的结果，大家都说这个问题最好请教您。”

“哦！大家都在说我啊！真不敢当，到底什么问题呢！”

“实不相瞒，是……”

“站着说话不方便，请进来吧！”

……

这样原一平就轻而易举地过了第一关，也取得了准客户的信任和好感。以赞美为开场白，发自内心地赞美别人的优点，这种交往方式几乎是百试不爽，没有人会因此而拒绝。当遇到沉闷的场面时，通过搞笑来逗准客户发笑，是接近客户的又一个好的办法。原一平曾以“切腹”来逗客户发笑：

“你好,我是明治保险公司的原一平。”对方端详着名片,过了一会儿,才慢条斯理地抬头说:

“几天前贵公司曾来过一个业务员,他还没讲完,我就打发他走了。我是不会投保的,为了不浪费你的时间,我看你还是另找其他人吧。”

“真心谢谢您的忠告!但请您听我把话讲完,如果您不满意的话,我可以当场切腹。无论如何,请您拨点时间给我吧!”原一平诚恳地说。对方听了忍不住哈哈大笑起来:

“你真的要切腹吗?”

“不错,就这样一刀刺下去……”原一平一边回答,一边用手比画着。

“你等着瞧,我非要你切腹不可。”

“呵呵,我真的好害怕切腹,看来我不得不用心向您介绍了。”

讲到这里,原一平的表情突然由“鬼脸”变为“正经”,于是,准客户和原一平一起大笑起来。当两个人同时开怀大笑时,陌生感消失了,成交的机会悄然而至。

又有一次,原一平去拜访一个准客户,“你好,我是明治保险公司的原一平。”

“噢，明治保险公司，你们公司的业务员昨天刚来过，我最讨厌保险，所以我昨天已经拒绝了他。”

“是吗，不过，我总比昨天那位同事英俊潇洒吧?”

“什么？昨天那个业务员比你好看多了。”

“哈哈……”

善于创造拜访的气氛，是优秀推销员必备的素质。发挥幽默的个性，用“美言”营造轻松的气氛，是原一平推销成功的关键。他把自己的经验概括为以下八大言说技巧：一、语调要低沉、明朗，明朗、低沉的语调是最迷人的感性声音。二、发音清晰，段落分明，发音要标准，字句之间要层次分明。三、说话的语速要时快时慢，恰如其分，遇到感性的场面，语速可以加快，反之，则相应放慢。四、懂得在某些时候停顿，句子不要太长，也不要太短，必要的停顿会引起对方的好奇或逼对方早做决定。五、音量要大小适中，音量太大，会给对方造成压迫感；反之，则会显得信心不足、说服力不强。六、配合恰当的脸部表情，每一个字，每一句话都应有它的意义。七、措辞高雅，发音纯正。八、愉快、爽朗的笑声。这种笑声不仅调节了气氛、增强了信任，而且平添了一份坦诚和坦荡。原一平的经验不仅为我们学会言说提供了一种有益的借鉴，也为老子的“美言”“善言”观点提供了一个生动例证。

第五章

多言数穷（上）

北齐刘昼《刘子》有言："口舌者，祸患之宫，亡灭之府也。语言者，性命之所属，而形骸之所系也。言出患入，语失身亡。身亡不可复存，言出不可复追。其犹射也：悬机未发，则犹可止；矢一离弦，虽欲返之，弗可得也。"可见，言语关系到人的生死存亡，恰当言说则身存，不当言说则身毁。

清朝的朱用纯在《治家格言》中说："处世戒多言，言多必失。"《鬼谷子·本经符》亦说："言多必有数短之处。""言多"是一个相对的概念，一切以具体的语境、情势、状况而定。当说的话，即使说了一箩筐也不为多；不当说的话，哪怕只说了一句，那也叫多言，比如职场中的办公室，是谈工作的地方，若闲聊别人是非、同事长短、上级毛病，则为多言，这种"言"一般无"密"可保，多有麻烦和后患。造谣、诬陷、吹牛、没有根据的"八卦"等，皆属多言之列，欲成事者当戒之。

孔子曰："侍于君子有三愆：言未及之而言谓之

躁，言及之而不言谓之隐，未见颜色而言谓之瞽。”（《论语·季氏》）其意为，侍奉君子陪他说话，要注意避免犯三种过失：还没有问到你就说话，叫作急躁；已经问到你却沉默不语，叫作隐瞒；不看君子脸色贸然插话或自说自话，叫作瞎子。应该说话的时候不说话，那叫失人；不该说话的时候乱说话、应当少说时而多说或当说的时候说得不恰当，那叫失言，这都可称为言语的缺陷。

被称为“甜美少女”的我国台湾某歌手，在参加某个电视节目时，当被问到抗日战争有几年时，她居然一边笑一边毫不在意地说：“才八年而已啦。”这档节目播放后顿时引起轰动，骂声如潮，从此断送了她在大陆发展的光明前途。

韩国某女明星，曾被委任为中国宣传大使，出演过包括《刁蛮公主》在内的多部中国影视剧，以及发行了 4 张中文个人音乐专辑，却在一次韩国综艺节目中突然说出了“没钱就去中国赚”的狂言，节目爆出后，立即引起中国民众的反感，她在中国的发展之路也同时断送了。

因为多言、失言而身陷囹圄的官场人士也是有之。民国时期浙江省政府主席陈仪的遭遇令人唏嘘：

1949年1月21日上午，南京中央社播发蒋介石声明："战事仍然未止，和平之目的不能达到……本人因故不能视事，决定身先引退，由副总统李宗仁行总统职权。"当日下野，乘飞机离开南京。南京与杭州不过咫尺之遥，薄暮时分，蒋介石乘坐的飞机已抵达笕桥机场。"踏上杭州的土地，才觉得在南京太累，担子太重，现在轻松多了。"蒋介石故作姿态地说道。浙江省政府主席陈仪向蒋介石提议说，天色已晚，不如直接去西子湖畔的楼外楼饭庄吃完饭，再送您去憩息之地——澄庐。陈仪，浙江军政界元老，早在孙传芳时代，他就官居师长之职。在国民政府中，许多浙籍军政要员都是他昔日僚属，地位十分尊崇，就连蒋介石也尊他为前辈。然而，尽管久居官场，却因性格耿直，对于官场中的圆滑融通、溜须奉承，仍不甚熟悉。蒋介石在楼外楼落座后，一人向隅，情绪低落，满座不欢，整个楼外楼的空气仿佛凝固起来。楼外楼乃杭州第一饭庄，其招牌菜西湖醋鱼更是名满江南，也是蒋介石每次来杭州必点的一道菜。陈仪为了活跃气氛，开口道："总裁，请尝一下西湖醋鱼，这鱼刚刚从池中捕来，十分新鲜。"蒋介石眉头锁得更紧，这声总裁让他听得刺耳，"总裁"是他辞去总统后在党内保留的职务，作为政府官员，陈仪按官场礼仪应称他总统，过去也一直这样称呼。陈仪站起身来，举箸为蒋介石布菜，嘴里喃喃道："总裁还得想开些，拿得起，放得下，方不失英雄本色——"陈仪话未说完，蒋介石已是勃然变色，只见他将手中筷子愤而掷出："不吃了。"当即拂袖而去。

仅仅几天之后，陈仪突然被免去浙江省主席，随之即遭秘密逮捕，后被押送台湾，1950年5月，在台湾被处决。陈仪遭祸固然有其更为深层的原因，但言语上的失误无疑成为直接的诱因。话未说完蒋介石就拂袖而去，可见，陈仪的"半截子话"已属多余，亦即多言。话说得不妥当或没有能力把话说妥当，宁可不说，沉默方为上策。之所以说"失言"有时成为人生的致命缺陷，其一是说"失言"后果之严重，轻者事业受挫、家庭失和，重者身首异处、家破人亡，甚至"一言丧邦"；其二是说做到"不失言""不多言"异常艰难，很多人不是不知道控制，而是控制不住，情(言)不自禁是也，请看下面的历史事实：

贺若弼(544—607)，复姓贺若，字辅伯，河南洛阳人，隋朝著名将领。他出生在将门之家，其父贺若敦为北周将领，以武猛闻名，任金州刺史。参加湘州之战中立有大功，自以为能受朝廷封赏，但因奸人所诬，职务不升反降，心中愤愤不平，曾当着使者的面大发怨言。当时北周权臣宇文护，早对他不满，欲除之而后快，在听到贺若敦的怨言后，立即将其调回，迫其自杀。临死之前，贺若敦对儿子贺若弼说："吾必欲平江南，然此心不果。汝当成吾志，且吾以舌死，汝不可不思。"说完拿锥子刺破了贺若弼的舌头，以防其因言惹祸。后来，贺若弼以吴州(扬州)总管的身份镇守江北，因伐陈有功，封上柱国，晋爵宋国公，官至右武侯大将军。灭陈后，贺若弼和韩擒虎争功，令文帝杨坚心生不快。贺若弼一再发牢骚，抱怨自己职位太低，认为不如自己的杨素当上了尚书右仆射，而他还只是一个将军，不满之情溢于言表。一些好事之人便把他说的气话告知杨坚，杨坚念他有功，训诫一番后不再追究。谁知他不知收敛，进而又到处夸耀他和太子杨勇如何密切。后来杨勇失宠被废，他又到处为杨勇鸣不平。杨坚招他质问：我用杨素为宰相，你在众人面前多次说他只会吃饭，其他什么也不会干，什么意思？言外之意是不是说我这个皇帝有眼无珠？贺若弼只能伏地请求宽恕。杨坚把他削职为民，一年后复其爵位，但并不重用。后因讽议隋炀帝杨广奢靡而被杀。

还有一则发生在俄国沙皇时期的“多言”之例，同样令人扼腕叹息。

沙皇尼古拉一世登基后，国内就爆发了一场由自由分子领导的叛乱，他们要求俄国现代化，希望俄国的工业和国内建设必须赶上欧洲的其他国家。尼古拉一世残忍地平定了这场叛乱，同时判处其中一名领袖李列耶夫死刑。

行刑的那一天，李列耶夫站在绞首台上，绞刑开始了，李列耶夫一阵挣扎之后绳索突然断裂了，他猛然摔落在地上。在当时，类似这样的事件被当作上天恩宠的征兆，犯人通常会得到赦免。李列耶夫站起身后确信自己保住了脑袋，他向着人群大喊："你们看，俄国的工业就是如此差劲，他们不懂得如何做好任何事，甚至连制造绳索也不会！"

一名信使立刻前往宫殿报告绞刑失败的消息，尼古拉一世虽然懊恼这突如其来的变化，但还是打算提笔签署赦免令。

"事情发生之后，李列耶夫有没有说什么？"沙皇询问信使。

"陛下，"信使回答："他说俄国的工业如此差劲，他们甚至不懂得如何制造绳索。"

"这种情况下，"沙皇说，"让我们来证明事实与之相反吧。"于是他撕毁了赦免令。

第二天，李列耶夫再度被推上绞刑台。这一次绳索没有断掉。

贺若弼父子及李列耶夫的悲剧更让我们清醒地认识到"牢骚无用""抱怨无补""妄议多祸"这个道理。而牢骚、抱怨、妄议等皆是多言的表现。多言并不意味着有能耐，美国飞机发明家莱特兄弟，有过一次一句话的著名演讲，内容是："据我所知，鸟类中会说话的只有鹦鹉，而鹦鹉是飞不高的。"有时候，我们

"勒紧舌头",反映的不仅仅是一种修养功夫,而且更是一种智慧、一种境界!老子有言:"多言数穷,不如守中。"这是何等高明,何等智慧,何等经典,何等言深义远,何等振聋发聩!

"多言数穷,不如守中"出自《老子》5章:"天地不仁,以万物为刍狗;圣人不仁,以百姓为刍狗。天地之间其犹橐籥乎?虚而不屈,动而愈出。多言数穷,不如守中。"

《老子》5章,自古以来无善解,有人怀疑有别章竹简的文字窜入进来,致使本章从逻辑维度无论怎样理解都难以自洽。"不仁"是什么意思?是大仁大爱、没有偏爱?有什么根据可以这样理解?《老子》2章中有"皆知善之为善,斯不善已"一句,这里的"不善"是否就是"大善"?显然不能这样理解,因为老子说的"不善"就是"恶"。这个"仁"字是否为后人出于反儒的需要所改(孔子讲仁,老子就讲不仁)?在《老子》的郭店简本中,甲乙丙三组文字中从头至尾没有一个"仁"字,倒是"言"字却多次出现,与第5章的结论"多言数穷,不如守中"联系起来看,"不仁"应为"不言"。刍狗,是祭祀时用草扎成的狗,是一个无生命的物体(对其发号施令显然是对牛弹琴),祭祀前尊贵无比,祭祀后弃之如敝屣。天地"不言"、圣人

“不言”，就是不加干预（干预的突出表现就是“有言”）听任万物和百姓像刍狗一样自生自灭、自作自息，亦即自然。

“虚而不屈”是什么意思？虚静，是老子思想中的一个重要概念，虚也往往意味着静，老子提出的修炼口号就是“致虚极，守静笃”。司马谈说“虚者，道之常也”[①]，道家“以虚无为本，以因循为用”[②]。虚无，是一种似无实有的状态，没有可感的形象和声音，虽看不见摸不着但却有着取之不尽用之不竭的无穷能量，为便于理解，老子以“橐龠”为例来加以说明。橐龠，古代用于吹火的鼓风器具，也就是我们常见的风箱，正是因为箱内的“虚无”，所以鼓动起来才有源源不断的风力。因此，正是因为天地间的“虚无”，所以才有万物的生生不息。

如何理解“动而愈出”？几乎历代（包括现代）所有的注家都把这句话和风箱的功能联系起来理解，越鼓动风就愈多，源源不断，持续不绝，进而引申为自然万物的生生不息。这是一种误解，也是一种误区，更是一种糟糕的思维定式。老子惜字如金，博大的思想容量也只用了五千言，告诉你天地之间像一

① 意为虚是道的常态。
② 意为虚无是道的根本，顺应万物才是道的作用。

个“橐籥”，至于“橐籥”有什么功能，你自己去想象，难道还要再进一步告诉你橐籥“越鼓动风越大”？这可是小孩子都懂的事情啊！因此，“动而愈出”既不是讲橐籥也不是讲天地，而是另有所指。

事实上，“动”字在《老子》文本中一直是一个贬义词。《老子》15 章说：“孰能浊以静之徐清；孰能安以久动之徐生。”陈鼓应先生翻译为：“谁能在动荡中安静下来而慢慢地澄清？谁能在安静中变动起来而慢慢地趋近?”这种理解也代表了众多注释者的观点(有人译“动之徐生”为“慢慢地出现生机”)。在笔者看来，老子这里揭示的是两对矛盾：浊与清、安与生(或曰安与乱)。浊和清这对矛盾通过“静”而转化，安和生这对矛盾通过“动”而转化。通过静定的功大，可以使浑浊变成清明或是外表的浑沖变成内部的澄明(16 章首句“致虚极，守静笃”正与此呼应)；通过躁动、妄动，则会由安定走向祸乱，因为“轻则失本，躁则失君”[①](26 章)，由轻浮、轻率必然走向躁动、妄动，而躁动、妄动必然会打破安定的局面，保持安定就不能躁动使之“盈满”[②]，这正与 15 章的最后

① 意为轻率失去根本，躁动失去主宰。
② 意为统治者追求欲望满足到达极点。

一句"夫唯不盈,故能蔽不新成"[①]呼应起来。与"安"相对应的是"乱","安以久动之徐生"之"生",应为因躁动而生出祸乱之意。

《老子》50 章又说:"人之生动之死地,亦十有三。"意为人本来可以长命百岁,却因"躁动""妄动"意外地走向死亡之路,这种人大概占到十分之三。老子从养护生命的视角揭示了"动"之危害,从而为"动"之生"乱"、生"灾"、生"祸"提供了一个生动的注脚。

因此,"动而愈出"之动,意为欲望驱使下的妄动、妄为。虚静是道的本性,之所以虚静状态下有取之不尽用之不竭的动力,恰恰在于它的"合道"性,亦即与道相符合的性质,虚静才能产生无为,而无为才能无不为。与虚静相对的就是欲望充塞的盈满和追求欲望满足的躁动,这种"动"愈是发生得频繁,那么就愈是出离(远离)虚静的状态,亦即愈加偏离(远离)道的本性。如果说"虚而不屈"是一种事实陈述的话,"动而愈出"就是一种善意的忠告了。若将"动而愈出"理解为越鼓动风力越劲,则与下文的"多言

① 意为正是因为不追求盈满,所以原有的社会状态就趋于平稳,不会为新的社会状态所代替。

数穷”形成反对关系：既然越“动”越好，而多言恰是多动的表现，应获得鼓励才是，怎么又会“数穷”呢？这正是众多理解者陷于逻辑困惑的根源所在。

何谓“多言数穷，不如守中”？“多言”，泛指一切偏离道的不恰当的言论或言说，包括统治者的繁多的政令；“数穷”，加重挫折或加速灭亡；“守中”，即持守虚静，“中”通“冲”，泛指虚静，不是儒家所说的中正、中庸或不偏不倚。因为“动而愈出”，所以“多言数穷”，要避免“多言数穷”，就理应回复虚静。多欲产生多动，多动必体现为多言，而多言则意味着对道的偏离，随时处于危险之中，就不可能不“穷”了。作为统治者若轻言妄动，滥发政令，尤其是作为关乎国计民生却没有经过深思熟虑或仅仅考虑满足私欲的政令，必然带来可怕的后果。

由上可见，《老子》5 章从效法天地、圣人不言开始，到避免多言、持守虚静结束，是一个以“言”为中心而展开的意义整体，不存在逻辑混乱或语义分割的情况。

“多言数穷”之说并非老子首创，其直接的思想渊源应是周公的《金人铭》。相传，伯禽就封鲁国时，周公恐其有失，亲书铭文于老管家金人的背上，并叮嘱金人经常站在伯禽身前，背对伯禽，让伯禽随时观看，以免忘记，金人背上的铭文就是著名的《金人铭》。相传孔子走进周公庙看到“金人铭背”十分感慨，谓弟子曰：“记之！此言虽鄙，而中事情。《诗》曰：战战兢兢，如临深渊，如履薄冰。行身如此，岂以口遇祸哉！”刘向《说苑·敬慎篇》记载：“孔子之周，观于太庙。左陛之前，有金人焉，三缄其口。”孔子之所以痛斥“巧言令色”，主张“敏于事而讷于言”，倡导“多闻阙疑，慎言其余，则寡尤；多见阙殆，慎行其余，则寡悔。言寡尤，行寡悔，禄在其中矣”[①]，正是基于对“以口遇祸”的警惕，亦足见《金人铭》对孔子的影响。

《金人铭》对老子的影响更大，《老子》81 章中，除了第 5 章的“多言数穷”直接脱胎于《金人铭》外，第 5、7、20、26、28、36、39、42、52、56、63、64、66、70、76、79 章的部分文字或思想亦直接来源于《金人铭》。为了能让读者获得一种更清晰的比较印象，现将《金人铭》原文抄录如下并附上参考译文：

原文[②]：古之慎言也。戒之哉！戒之哉！无多

① 意为多听别人说话，把你觉得可疑的先放在一边，其余的，谨慎地说，便少过。多看别人行事，把你觉得不妥的先放在一旁，其余的，谨慎地行，便少悔。说话少过失，行事少后悔，禄仕之长久之计也就在里面了。

② 原文出自山东曲阜周公庙《金人铭》碑文。

言，多言多败；无多事，多事多患。安乐必戒，无行所悔。

译文：古人谨言慎语。警惕啊！警惕啊！不要叽叽喳喳、喋喋不休，多言必然招致多败；不要无事生事，多事必然带来祸患。一定要戒除安乐的思想和行为，更不要去做一些让自己后悔的事。

原文：勿谓何伤，其祸将长；勿谓何害，其祸将大；勿谓何残，其祸将然；勿谓不闻，神将伺人。焰焰不灭，炎炎若河。涓涓不壅，终为江河。绵绵不绝，或成网罗。毫末不札，将寻斧柯。诚能慎之，福之根也。曰是何伤，祸之门也。

译文：不要说没有什么损伤，其祸害将不断地滋长；不要说没没有什么损害，其祸患将不断地增大；不要说没有什么残缺，其祸难即将兑现；不要说没人知道，人们的一切行为，神鬼共鉴。小小的火苗不及时扑灭，会燃烧成熊熊的大火，宛如决口的黄河。细细的小溪若不加以堵塞，最终会成为江河。微小的丝线如能连续增加，也会形成一张罗网。幼小的恶苗若不及时拔除，将来只有用斧头来砍伐了。对于上述现象，真正做到谨慎处之，就拥有了幸福的根本。之所以说多言妄语危害极大，因为它是祸患的根源。

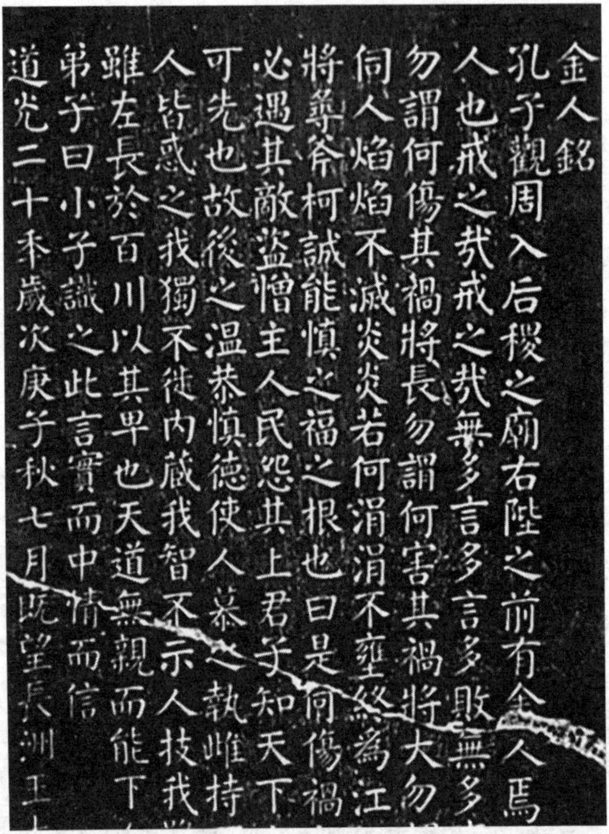
金人銘
孔子觀周入后稷之廟右陛之前有金人焉
人也戒之哉戒之哉無多言多言多敗無多
勿謂何傷其禍將長勿謂何害其禍將大勿
伺人焰焰不滅炎炎若何涓涓不壅終為江
將尋斧柯誠能慎之福之根也曰是何傷禍
必遇其敵盜憎主人民怨其上君子知天下
可先也故後之溫恭慎德使人慕之執雌持
人皆惑之我獨不徙內藏我智不示人技我
雖左長於百川以其卑也天道無親而能下
弟子曰小子識之此言實而中情而信
道光二十秊歲次庚子秋七月既望長洲王

图 5-1 《金人铭》碑文

原文： 疆梁者不得其终，好胜者必遇其敌。盗憎主人，民怨其上。君子知天下之不可上也，故下之；知众人之不可先也，故后世之。温恭慎德，使人慕之。执雌持下，人莫逾之。

译文：凶暴强横的人是不得善终的，争强好胜的人一定会遇到克星。盗贼无不憎恶拥有财富的主人，百姓往往把怨恨的矛头对准君上。贤明的君王知道君临天下切不可高高在上，所以谦卑处下；知道驾驭百姓切不可处处占先，所以甘居其后。温顺、恭敬、谨慎、好德，所以能得到众人的仰慕和拥戴。坚守柔弱，保持卑下，没有人能够超过你。

原文：人皆趋彼，我独守此。人皆惑之，我独不徙。内藏我智，不示人技。我虽尊高，人弗我害，谁能于此。江河虽左，长于百川，以其卑也。天道无亲，而能下人。戒之哉！

译文：人人都争名逐利，我却执柔退让。人皆惑于名望货利，独我不为所动。智慧深藏不露，绝技秘不示人。我虽位高尊显，人们并不加害于我。谁能致力于此？江河虽然尊贵，但它的成长却得益于百川的汇入，正是因为它谦卑处下啊。上天之道，不分亲疏，但上天却能下济光明，利益众生。警惕啊！

《金人铭》中的"无多言，多言多败""曰是何伤，祸之门也"等思想，引起了老子的深切关注，在《老子》文本中，众多章节都对"多言"及其形态问题进行过深入探讨，在老子看来，"多言"有"自伐""轻诺"

"强辩"等三种表现形态。

一、自伐

自伐是《老子》中的一个专门用语,自是自己、自我,伐是夸耀、显摆、吹嘘、标榜。自伐是一种自我夸耀、自我显摆、自作聪明、自吹自擂、自我标榜的语言行为。这种语言行为,可以是口头语言,也可以是文字语言,个别情况下也可以是肢体语言;这种语言行为,既可以表现为对自己及其行为的肯定和赞扬,也可以表现为对别人及其行为的否定和批判,甚至可以包括对别人不理解、不肯定、不欣赏的愤怒、失望情绪的语言流露。我们常见的抱怨(别人不对自己对)、牢骚(别人不行自己行)当属自伐的一种特殊表现形式。

自伐一词出自《老子》22 章和 24 章,两章从正反两面分别谈到了自伐的多言性及其对人生成长、成功的危害性。

《老子》22 章写道:"曲则全,枉则直,洼则盈,敝则新,少则得,多则惑。是以圣人抱一,为天下式。不自见故明,不自是故彰,不自伐故有功,不自矜故长。夫唯不争,故天下莫能与之争。古之所谓曲则全者，岂虚言哉！诚全而归之。”意思是说，委曲才能保全，弯曲才能伸展，低洼才能充盈，破旧才能更新，取少反而有得，贪多反而迷惑。所以，圣人以道作为行为的范式和处理天下复杂矛盾的法则。不自我显摆，反而能明辨是非；不自以为是，反而能声名远扬；不自我夸耀，反而能功勋卓著；不自高自大，反而能成为官长。正是因为低调不争，才使得天下没人能与之争。古人所说的“委屈才能保全”，决非虚言！只要确确实实(“诚”)这样做了，你理想中的“全”就一定能够实现。

《老子》24 章写道：“企者不立，跨者不行，自见者不明，自是者不彰，自伐者无功，自矜者不长。其在道也，曰余食赘行。物或恶之，故有道者不处。”意思是说踮起脚跟用脚尖立地，无法站得久；最大限度地叉开双腿快走，无法行得远。自我显摆就无法明辨是非；自以为是就不能声名远扬；自我夸耀就很难建立功勋；自高自大就做不了官长。用道的眼光来看啊，这些行为宛如剩饭、赘瘤一般的多余，所以，得道者绝不会这样。

为何“自伐者无功”“不自伐故有功”？老子所要表达的是以下几层意思：其一，功不是自封的、不是自夸的，不是你说自己有功就有功；其二，功不是靠说大话、自吹自擂建立的，若仅仅停留在口头上而不付诸实施，是不可能建立功业的；其三，即使建立过功勋，若天天挂在嘴边，重复而夸大，惹得人人生厌，功劳自然不再具有原来的意义和价值；其四，喜欢自吹自擂、夸夸其谈或纸上谈兵的人，很少能在战争中或在实际工作中建功立业，如战国时期的赵括①、三国时期的马谡②等就是例证。

自伐者在现实生活当中也极难获得人生事业的成功。因为自我夸耀或显摆，极易引起别人的厌恶

① 公元前262年，秦、赵为了争夺韩的上党郡，发生了长平(今山西晋城高平西北)之战。赵将廉颇考虑到秦远道来攻欲速战的情况，就采用坚壁高垒等到秦军疲困的时候再反击的策略。廉颇坚守三个月不出击，秦军不能进。赵孝成王多次派人责让廉颇出战，范雎又派人用重金到赵国行反间计，称秦军只怕赵括，廉颇容易对付，他将要降秦了。赵王中秦计，于是派赵括代替廉颇为将。赵括是赵奢的儿子，兵书是读了一些，但丝毫没有实战经验，是位只会纸上谈兵的人。赵王要任他为将时，赵括的母亲不同意，赵王不听。赵括母亲要赵王保证其子失败后，不牵连她。赵王也同意了。赵括取代廉颇后，完全改变了廉颇的作战方针。秦国听到赵括已代替廉颇，于是暗中任命武安君白起为上将军，王龁为副将，下令军中绝对保密。赵括到后，改守为攻，全线出击。秦将白起兵分二路，一方面假装溃败引诱赵军深入，一方面切断赵军退路，使赵军粮道断绝，被困在长平。最后赵括战死，四十余万降军被全部活埋。

② 公元288年，诸葛亮第一次出师北伐攻打曹魏，身受诸葛亮器重的参军马谡被派往驻守战略要地街亭，而马谡在街亭既违背诸葛亮的部署又不听副将王平的劝告，主观武断地在远离水源的山上安营扎寨，结果曹魏大军蜂拥而至，围困孤山，蜀军大败，马谡失魂落魄地逃回大营致使街亭失守，这就是著名的马谡失街亭事件。事后诸葛亮上表刘禅免去自己的丞相职务并自降三级。诸葛亮虽然爱才，但更深知“不明正军律难以服众”的道理，于是，挥泪斩杀了颇有军功的爱将马谡。

和反感，这无疑也丧失了成功的“人和”基础；加之以自我为中心，自我膨胀，听不得不同意见，受不得半点委屈，稍遇挫折，就牢骚满腹，抱怨不止，势必造成人际生态的恶化，致使前进路上困难重重。老子主张“曲则全”（委屈才能保全），能经得住委屈才会有“全”、有成功。若如此“自伐”，怎能面对委屈？又拿什么去成“全”？

正所谓“夫唯不争，故天下莫能与之争”，“莫能与之争”作为结果出现，意味着大成就、大成功。之所以自伐者不能成功，就是因为“有争”，放不下“争”。“不争”不是什么都不做，不是不思进取，而是合理地争、符合自然地争、遵循规律地争，不做过头、过火、过分等不当之争。自伐则属于一种不当之争，而不当之争则往往发源于心中膨胀的欲望。多欲必然出现多争。“欲”，又体现为多个方面，如权力欲、金钱欲、占有欲，甚至还有一吐为快的表现欲、显摆欲、捍卫其自大或所谓自尊的较真欲等。表现欲、显摆欲、较真欲，几乎是历代文人的通病，舍我其谁的牢骚，笑里藏刀的讥讽，自作聪明的卖弄往往成了因言获罪的把柄和“多言数穷”的例证。苏轼和杨修的遭遇堪称古今一叹！

元丰二年（1079）三月，苏轼由徐州调任太湖之

图 5-2　苏轼像

滨的湖州。为答谢皇恩，他作了《湖州谢上表》：

原文： 臣轼言。蒙恩就移前件差遣，已于今月二十日到任上讫者。风俗阜安，在东南号为无事；山水清远，本朝廷所以优贤。顾惟何人，亦与兹选。臣轼中谢。伏念臣性资顽鄙，名迹堙微。议论阔疏，文学浅陋。

译文： 下臣苏轼言谢皇上。承蒙皇上恩德，受到派遣而调任湖州一事，已于本月二十日到任接交完毕。此地民风甚为纯正，在东南一带以太平著称；山水清秀而辽远，是朝廷安排优贤下属的所在。苏轼何德何能，能够遴选得中，万分感谢。臣下想到自己性情顽劣不规，名声事迹乏善可陈。议论天下大而无当，文采学业浅陋荒疏。

原文： 凡人必有一得，而臣独无寸长。荷先帝之误恩，擢置三馆；蒙陛下之过听，付以两州。非不欲痛自激昂，少酬恩造。而才分所局，有过无功；法令具存，虽勤何补。罪固多矣，臣犹知之。夫何越次之名邦，更许借资而显受。顾惟无状，岂不知恩。

译文： 大凡人们总有一技之能，而我苏轼却一无所长。承受先帝之错爱，提拔为“三馆”之一的直史馆职务；承蒙陛下的高看，让我管辖密州与徐州。并不是不想发愤图强，以报答圣上的大恩大德。而自己碍于才华的局限，只有过失而没有功绩；法令完备，政通人和，苏轼再勉力为之也难有功劳。臣不足之处颇多，这一点我还算明白。我有何资格超越次序而任职名郡，只是借着当初的资历而被授予显耀职务。是自己感到没有成绩，而不是不知道感恩戴德。

原文： 此盖伏遇皇帝陛下，天覆群生，海涵万族。用人不求其备，嘉善而矜不能。知其愚不适时，难以追陪新进；察其老不生事，或能牧养小民。而臣顷在钱塘，乐其风土。鱼鸟之性，既能自得于江湖；吴越之人，亦安臣之教令。敢不奉法勤职，息讼平刑。上以广朝廷之仁，下以慰父老之望。臣无任。

译文： 如今幸遇明主，上天普覆众生，大海涵纳万族。圣上用人不求全责备，嘉奖能人好人，也同情能力差的人。苏轼知道自己比较愚钝而不能与时俱进，更难以与新进勇锐之人一道前行。圣上念我年事已高，忠厚稳妥，不惹是生非，所以才容留臣在官场。苏轼在钱塘这片热土上倾心倾力，对此处的风土人情喜欢无比。鹰击鱼跃，在大自然里自展本性，吴越百姓，也能安心听从臣的教令。臣岂敢不恪尽职守，平息争讼，公平用刑。对上，宣传朝廷的仁义恩德，对下，告慰父老乡亲的殷切期望。臣真的能力低下、无力胜任啊。

上表谢恩，本是例行公事，无非是先叙臣子所为，后叙皇恩浩荡，但苏轼却偏偏在其中夹上了几句牢骚话："陛下知其愚不适时，难以追陪新进；察其老不生事，或能牧养小民。"句中"其"为自称，他把自己同"新进"相对，说自己不"生事"，则暗示"新进者""生事"。因"生事"二字是保守派攻击改革派的习惯用语，所以这个字眼就特别敏感；"新进"则是苏轼对王安石引荐的新人的贬称，自然也是敏感词汇。他曾在《上神宗皇帝》书里说王安石"招来新进勇锐之人，以图一切速成之效"，结果是"近来朴拙之人愈少，而巧进之士益多"。保守派中的监察御史们一见"生事""新进"就异常兴奋，以为抓住了把柄，于是就顺藤摸瓜，把苏轼其他书信诗文中的敏感词汇一一挑出，弹劾苏轼借古讽今，谤讪朝廷，欺君妄上。结果苏轼被冠以“文字毁谤君相”的罪名而被捕，解往汴京。本来判决为处死，后经神宗改判为贬谪黄州，史称“乌台诗案”。

苏轼的《湖州谢上表》，从文字表面上看是一种自谦、自贬、自贱，如“臣性资顽鄙，名迹堙微。议论阔疏，文学浅陋。凡人必有一得，而臣独无寸长……而才分所局，有过无功……知其愚不适时，难以追陪新进；察其老不生事，或能牧养小民……臣无任”等，但文字的深层意蕴却透露出一种自大、自贵和自伐，其一是谦虚到极端就走向了反面，其二是“难以追陪新进”等语暴露了他不愿与“宵小”为伍的清高。他深谙并使用了老子“正言若反”的思维和表述方式，可惜弄巧成拙，被改革派一眼洞穿，未脱“自伐生祸”之窠臼。

如果说苏轼是多言生祸（差一点丧命）的“标杆”，那么三国时期的杨修则可称得上多言丧命的“模范”。罗贯中《三国演义》第七十二回“诸葛亮智取汉中　曹阿瞒兵退斜谷”中详细描述了杨修多言丧命的具体细节，现抄录如下，以飨读者。

操屯兵日久，欲要进兵，又被马超拒守；欲收兵回，又恐被蜀兵耻笑，心中犹豫不决。适庖官进鸡汤。操见碗中有鸡肋,因而有感于怀。正沉吟间,夏侯惇入帐,禀请夜间口号。操随口曰:“鸡肋!鸡肋!”惇传令众官,都称“鸡肋”。

行军主簿杨修,见传“鸡肋”二字,便教随行军士,各收拾行装,准备归程。有人报知夏侯惇。惇大惊,遂请杨修至帐中问曰:“公何收拾行装?”修曰:“以今夜号令,便知魏王不日将退兵归也:鸡肋者,食之无肉,弃之有味。今进不能胜,退恐人笑,在此无益,不如早归:来日魏王必班师矣。故先收拾行装,免得临行慌乱。”夏侯惇曰:“公真知魏王肺腑也!”遂亦收拾行装。于是寨中诸将,无不准备归计。

当夜曹操心乱,不能稳睡,遂手提钢斧,绕寨私行。只见夏侯惇寨内军士,各准备行装。操大惊,急回帐召惇问其故。惇曰:“主簿杨德祖先知大王欲归之意。”操唤杨修问之,修以鸡肋之意对。操大怒曰:“汝怎敢造言乱我军心!”喝刀斧手推出斩之,将首级号令于辕门外。

原来杨修为人恃才放旷,数犯曹操之忌:操尝造花园一所;造成,操往观之,不置褒贬,只取笔于门上书一“活”字而去。人皆不晓其意。修曰:“门内添活字,乃阔字也。丞相嫌园门阔耳。”于是再筑墙围，改造停当，又请操观之。操大喜，问曰：“谁知吾意？”左右曰：“杨修也。”操虽称美，心甚忌之。

又一日，塞北送酥一盒至。操自写“一合酥”三字于盒上，置之案头。修入见之，竟取匙与众分食讫。操问其故，修答曰：“盒上明书一人一口酥，岂敢违丞相之命乎？”操虽喜笑，而心恶之。

操恐人暗中谋害己身，常分付左右：“吾梦中好杀人；凡吾睡着，汝等切勿近前。”一日，昼寝帐中，落被于地，一近侍慌取覆盖。操跃起拔剑斩之，复上床睡；半晌而起，佯惊问：“何人杀吾近侍？”众以实对。操痛哭，命厚葬之。人皆以为操果梦中杀人；惟修知其意，临葬时指而叹曰：“丞相非在梦中，君乃在梦中耳！”操闻而愈恶之。

操第三子曹植，爱修之才，常邀修谈论，终夜不息。操与众商议，欲立植为世子，曹丕知之，密请朝歌长吴质入内府商议；因恐有人知觉，乃用大簏藏吴质于中，只说是绢匹在内，载入府中。修知其事，径来告操。操令人于丕府门伺察之。丕慌告吴质，质曰：“无忧也：明日用大簏装绢再入以惑之。”丕如其言,以大簏载绢入。使者搜看簏中,果绢也,回报曹操。操因疑修谮害曹丕,愈恶之。

操欲试曹丕、曹植之才干。一日,令各出邺城门;却密使人分付门吏,令勿放出。曹丕先至,门吏阻之,丕只得退回。植闻之,问于修。修曰:“君奉王命而出,如有阻当者,竟斩之可也。”植然其言。及至门,门吏阻住。植叱曰:“吾奉王命,谁敢阻当!”立斩之。于是曹操以植为能。后有人告操曰:“此乃杨修之所教也。”操大怒,因此亦不喜植。

修又尝为曹植作答教十余条,但操有问,植即依条答之。操每以军国之事问植,植对答如流。操心中甚疑。后曹丕暗买植左右,偷答教来告操。操见了大怒曰:“匹夫安敢欺我耶!”此时已有杀修之心;今乃借惑乱军心之罪杀之。修死年三十四岁。

杨修的悲剧是三国魏晋时期“多言数穷”的众多知识分子命运的一个缩影。才华外露,好出风头,哗众取宠,恃文傲世,性乖情异,口无遮拦,几乎是那个时期才华卓异的知识分子的通病,从直接的原因来看，不仅杨修死在嘴上，孔融、祢衡、许攸、崔琰无不死在嘴上。孔融公开反对曹操禁酒，说天上有酒星，地上有酒泉，人间有酒德，酒怎么可以禁？若说酗酒亡国，从古以来就有因女人而亡国的，怎么不禁女人？诸如此类的讽刺挖苦不胜枚举。李贽在评点《三国演义》时指出："凡有聪明而好露者，皆足以杀其身也。"可谓一语中的。聪明是内在的，但有人总是喜欢让其外在化，通过语言显露出来，既要用语言来说自己的聪明，又要用语言来说别人的不聪明，若这种语言不分场合、不论对象的任意释放，就不可避免地进入"多言"境地，又岂能无祸、避祸或不惹祸？

《老子》66 章写道："江海所以能为百谷王者，以其善下之，故能为百谷王。是以欲上民，必以言下之。欲先民，必以身后之。是以圣人处上而民不重，处前而民不害。是以天下乐推而不厌，以其不争，故天下莫能与之争。"老子说，江海之所以能成为百川之王，是因为江海善于谦卑处下的缘故（位置低下，故水能入注其中）。因此，若要领导民众，就一定要在语言上表示谦恭（包括发布的政令一定要照顾到下层群众的需求），不可自说自话、自吹自擂；若要站在民众前面引导他们，就一定要在自己利益满足上居于群众之后，不可只顾自己、与民争利。所以圣人虽位高权重，但民众并不感到压抑和沉重；圣人虽站在前面引导民众，但民众并不会受到伤害。这样，圣人治理天下不仅不会被天下人厌恶而且能受到欢迎和拥戴，因为他们不争名争利，所以天下没有人能和他们相争。

“是以欲上民，必以言下之”，这虽是老子对为政者的期望和忠告，但对那些已有一定影响、一定地位、一定人(名)气、一定财产的成功人士而言又何尝不是期望和忠告呢？功成事遂了，众星捧月了，若自伐、自傲、自负或用语言贬低、侮辱、责骂“下位”众生导致变相自伐，则一定会从“上”滚鞍落马为“下”，亦即“言”不能“下”则“身”必“下”，从而陷入生活的困境和事业的低谷。香港有位艺人，成名后豪气十足，扬言“骂了你内地人照样赚你们的钱”，高呼“低俗是我的光荣”，引起了大陆网友的强烈反感，之后直接被大陆封杀。

二、轻诺

“轻诺”，是《老子》63章中提出的另一个表征“多言”的概念，“夫轻诺必寡信，多易必多难”。其字面的意思是轻易地承诺必然带来失信，过分地自信必然遭遇艰难(或把事情想象得过分容易,实施过程中必然会困难重重)。若结合《老子》文本的其他内容分析,就会发现其中大有深意!“信”在老子那里有两层意思,一种是诚信,如 49 章中的“信者,吾信之;不信者,吾亦信之,德信”①;另一种是信实,如 21 章中的“窈兮冥兮,其中有精;其精甚真,其中有信”②。相应地,“诺”也有两层意思,既指承诺又指言说,承诺是语言上答应要做的事情,若答应了不做就是“寡信”;言说是旨在让人相信的事实陈述,若陈述虚假或是对虚假事实的陈述,同样会带来“寡信”。从履行承诺的程度上来看,随意答应的“轻诺”与一诺千金的“重诺”相对;从说话的谨慎程度上来看,言之无物、言不由衷或言不由“实”的轻浮之语与论据充分、发自肺腑、事实清楚的厚重之语相对。在《老子》文本中,总是“轻”与“重”对举,如 75 章中有“民之轻死,以其求生之厚,是以轻死”,80 章中又有“使民重死而不远徙”。“轻死”就是不把生命当回事、不把死亡当回事,因为统治者压榨剥削得太厉害了,老百姓活不下去了,横竖都是一个死,所以“轻死”,反

① 意为诚信的人我相信他,不诚信的人我也相信他,就具有了美善之德。

② 意为幽微不可见中却有精质,这种精质如此真切,可信而毫无虚妄。

映了君主无道所带来的社会黑暗;“重死”就是重视生命、珍惜生命、热爱生命,因为天下太平,安居乐业,生活朴素、简单、幸福、美好,所以“重死”,反映了君主以道治国的社会景象。可见,“轻”字被老子赋予了更多的思想内涵,决非“轻易”“轻浮”这么简单。

《老子》26 章写道:“重为轻根,静为躁君。是以圣人终日行,不离辎重。虽有荣观,燕处超然。奈何万乘之主,而以身轻天下?轻则失本,躁则失君。”老子说,重是轻的根本,静是躁的主宰。所以圣人整日行走都不忘带上赖以生存的粮草辎重。虽有美景盛观,但却不曾沉湎。为何身为大国之君,却如此轻重倒置,只顾一己私欲之满足而不管天下苍生之死活呢?弃重就轻将会丧失根本,离静就躁将会失去主宰。在轻重的矛盾关系中,重是矛盾的主要方面,是根本,离开重,轻就成为无源之水、无本之木,轻就一文不值甚或成为负值。从更深层的意义上讲,轻重反映的是一种人生态度、道德境界和处事原则。试想,一个不成熟、不稳重抑或私欲膨胀的轻浮之辈,他的话可信吗?他的行为靠谱吗?如果这个人是一国之君,天下将会是一种什么景象?“奈何万乘之主而以身轻天下?”作为大国之君,怎么可以因为自身的私欲而轻率地对待民本、轻蔑地对待民生、轻浮地面对民瘼呢？若“避重就轻”以轻为本，不仅会妄言妄语，而且会妄动妄为如儿戏。想必大家一定了解周幽王烽火戏诸侯的故事吧。

周宣王死后，其子宫涅继位，是为周幽王。当时关中一带发生大地震，加之连年旱灾，民众饥寒交迫、四处流亡，社会动荡不安。周幽王是个荒淫无道的昏君，他不思救民于水火，反而重用佞臣虢石父，对内盘剥百姓，对外发动战争。大臣褒珦，劝谏幽王，周幽王非但不听，反而把褒珦关押起来。褒族人为救褒珦出来，他们在褒城内找到一位姒姓女子，教其唱歌跳舞，并把她打扮起来，起名褒姒，献于幽王，以赎褒珦之罪。

幽王见了褒姒，惊为天人，非常喜爱，马上立她为妃，同时也释放了褒珦。幽王自得褒姒以后，十分宠幸，专心过起了荒淫奢侈的生活。褒姒虽艳如桃李，但却冷若冰霜，自进宫以来从没有笑过，幽王放言说：谁能引得褒姒一笑，赏金千两。这时虢石父向周幽王献计，点燃烽火，以博褒姒一笑。

烽火本是古代敌寇侵犯时的紧急军事报警

信号。由国都到边镇要塞，沿途都遍设烽火台。西周为了防备犬戎的侵扰，在镐京附近的骊山（在今陕西临潼东南）一带修筑了 20 多座烽火台，每隔几里就是一座。一旦犬戎进袭，首先发现的哨兵立刻在台上点燃烽火，邻近烽火台也相继点火，向附近的诸侯报警。诸侯见了烽火，知道京城告急，天子有难，必须起兵勤王，赶来救驾。虢石父献计令烽火台平白无故点起烽火，招致诸侯白跑，以此逗引褒姒发笑。昏庸的周幽王采纳了虢石父的建议，马上带着褒姒，由虢石父陪同登上了骊山烽火台，命令守兵点燃烽火。一时间，狼烟四起，烽火冲天，各地诸侯一见警报，以为犬戎来犯，带领本部兵马火速赶来救驾。到了骊山脚下，但听山上一阵阵奏乐和唱歌的声音，周幽王和褒姒端坐高台饮酒作乐。周幽王告诉他们，没有犬戎之患，点火意在取乐。诸侯们怀怨而回。褒姒见千军万马召之即来，挥之即去，如同儿戏一般，觉得十分好玩，禁不住嫣然一笑。周幽王大喜，立刻赏虢石父千金。以后，周幽王故伎重演，数次戏弄诸侯，慢慢地诸侯们也不再视烽烟为警号了。

周幽王为进一步讨褒姒欢心，又罔顾祖宗

规矩，废黜王后申氏和太子宜白，册封褒姒为后，褒姒所生之子伯服为太子，并下令废去王后的父亲申侯的爵位，还下令攻打申侯。申侯得到消息，先发制人，联合缯侯及西北夷族犬戎之兵，于公元前771年进攻镐京。周幽王听到犬戎进攻的消息，惊慌失措，急忙命令点燃烽火。但诸侯们以为又是愚弄，皆不予理会。

犬戎兵马稍遇抵抗便蜂拥入城，周幽王带着褒姒、伯服，仓皇逃往骊山。途中，他再次命令点燃烽火。尽管烽烟直上九霄，但诸侯救兵就是不来。周幽王大约百余人逃进骊宫。为了迷惑犬戎兵，周幽王带领放火焚烧前宫门，自己则从后宫门逃出。犬戎兵在追上周幽王后，将其和太子杀死，俘虏了褒姒，西周宣告灭亡。[1]

我们都知道《狼来了》的寓言，那仿佛就是以周幽王作原型而创作出来的，只不过周幽王换成了牧羊娃，大灰狼代替了犬戎兵。可见，“轻诺”作为一种人性中的痼疾不仅在中国早就存在，而且在外国也早就存在，即使在今天，亦同样存在。

① 摘自“百度百科”中“烽火戏诸侯”之条目。

在69章中，老子进一步拓展了“轻”的意蕴，把“轻”的危害性强调到丧失“三宝”[①]的高度：“用兵有言：‘吾不敢为主而为客，不敢进寸而退尺。’是谓行无行，攘无臂，扔无敌，执无兵。祸莫大于轻敌，轻敌几丧吾宝。故抗兵相加，哀者胜矣。”老子说，打仗用兵曾有这样的规则：“我不敢主动进犯，而采取守势；不敢前进一步，而宁可后退一尺。”这就叫作虽然有阵势，却像没有阵势可摆一样；虽然要奋臂，却像没有臂膀可举一样；虽然面临敌人，却像没有敌人可打一样；虽然有兵器，却像没有兵器握举一样。祸患再没有比轻敌更严重的了，轻敌就必定要丧失那守柔处下的宝物而不能自保。所以，两军实力相当的时候，慈悲的一方总能获胜。

何谓“轻敌”？明朝状元焦竑在《老子翼》中说，所为而“不能出于无为，知主而不知客，知进而不知退，是之谓轻敌”。麻痹大意，轻举妄动，取进攻之“主”位而失防御之“客”位，违背“以顺待逆，以逸待劳，以卑待骄，以静待躁”之无为原则，均为轻敌之表现。取“主”位进攻，亦即主动进犯，就丧失了“慈”；取进攻位，长途奔袭，兵马劳顿，体力、精力、财力、物

① 见《老子》67章：“我有三宝，持而保之。一曰慈，二曰俭，三曰不敢为天下先。”

力花销巨大，就丧失了“俭”；以争、贪为目的的侵略，必取先发主攻之势，就丧失了“不敢为天下先”。“三宝”尽失，安能不败？

事实上，在《老子》文本中，“轻敌”还有轻慢、轻侮（多以“多言”的方式表现）敌人的意思，轻慢、轻侮不仅远离道家谦卑、处下、守静之修为，而且易使对手形成同仇敌忾之士气，失却道义的制高点，无意间减损了己方胜算的概率。

从上可知，“轻”是老子所反对、所痛恨、所厌恶的一种人性弱点，用“轻”的态度去治国，国将不国；用“轻”的态度去打仗，战无不败；用“轻”的态度去言说，言必多害。无论是“轻国”（“轻天下”）、“轻敌”，还是“轻诺”“轻言”，在老子看来，都会带来丧失“三宝”的后果，当为世人所戒！

为何“轻诺（言）”一定会“寡信”？具体分析大致有以下几种情况：一是言说者本身就是一个具有多言性格、多言习惯、多言欲望、多言倾向的人，言就是其目的，就是其价值确证，至于其言是否兑现、是否属实，没有考虑或者很少考虑；二是言说者在说话前没有深思熟虑，没有掌握言说内容的真实全面的情况及变化态势，导致承诺后无法兑现或与事实严重相左；三是言说者出于某种紧急或被迫的情况，知道与事实不符或知道事后无法兑现承诺，但当时只能如此；四是言说者出于某种目的，有意欺瞒事实或故意虚假承诺，放任、希望甚至推动“寡信”后果的出现；五是言说者的言论符合事实且有能力兑现承诺，但言说者发现一旦兑现代价太大或出现一些不利于言说者的后果，导致“寡信”……

在生活中我们经常遇到这样的情况：有些时候，对有些事，你不答应，可能什么事都没有，一旦答应没有办或没有办成，则会带来怨恨，甚至会出现其他不利后果。《西游记》中，通天河百年老龟驮着取经归来的唐僧师徒过河，之所以快到东岸时一个翻身把师徒四人掀入水中，就是因为唐僧答应其询问佛祖老龟寿命一事；曾子之所以不顾妻子的劝阻而坚持把猪杀掉，就是为了弥补妻子“轻诺”的过失以免对孩子造成不利影响。承诺过的事情或答应别人的事情，一旦不能兑现，对于承诺者而言，总会带来名誉、人格、身体、金钱等方面的损失，“多易必多难”仅仅是一种后果。“轻诺”一定会“寡信”，而“寡信”则一定会付出代价，请看下面的事例。

故事一：晋惠公轻诺遭磨难

晋惠公，名夷吾。晋献公之子。生年不详，

周襄王三年(前650)即位,卒于周襄王十六年(前637)。

曲沃庄伯二十八年,大戎狐姬、小戎子姐妹二人,同嫁晋献公。大戎狐姬生晋文公重耳,小戎子生晋惠公夷吾,重耳年长于夷吾,二子皆有贤行。晋献公宠爱的夫人骊姬为了给自己的儿子奚齐争夺君位,屡次对其他姬妾所生之子加以迫害,并用计使晋献公疏远他们。在太子申生受骊姬诬陷自杀后,重耳、夷吾非常害怕。于是,重耳逃往蒲城(今山西永济境内),夷吾逃往屈(今山西吉县境内)。晋献公听说二公子不辞而别,更相信他们与太子早有预谋。于是,晋献公发兵攻打蒲城。重耳跳墙逃到了狄国(今山东高青境内)。晋献公又派人讨伐屈城,夷吾逃奔梁国(今陕西韩城境内)。

周襄王元年(前651)九月,在位二十六年的晋献公逝世。大夫里克等接连杀死继位者奚齐、卓子,派人迎接公子重耳回国为君,重耳谢绝;又派人迎公子夷吾。夷吾乐意回国为君,但手下却觉得此事可疑,因为国内尚有献公的其他儿子可以为君,岂又有迎接流亡公子归国为君之理?于是派人到秦国,请秦穆公发兵护送夷吾回国即位，许在事成之后，把晋国黄河以西之地割让给秦国。又派人给里克送信许愿，说只要回国做了国君，就把汾阳之邑封给里克。于是，秦穆公发兵送夷吾回国，立为国君，是为晋惠公。

晋惠公即位以后，立马做了两件事：一件事是背弃割地给秦的许诺，派人到秦国致歉，说："始夷吾以河西地许君，今幸得入立。大臣曰：'地者先君之地，君亡在外，何以得擅许秦者？'寡人争之弗能得，故谢秦。"婉转表达了不能割地给秦的意思。第二件事是除掉里克等原来杀死奚齐另立国君的人。对于里克，不但不封给他原来许诺的汾阳之邑，而且把他手中的权力也剥夺了，并下令里克自杀。惠公说，没有你里克，我当不了国君；但是，你有杀过奚齐的前科，留下你，我这个国君也无法做得安稳。里克绝望地说："不有所废，君何以兴？欲诛之，其无辞乎？乃言为此！臣闻命矣。"说毕自刎而死。随后，惠公把里克的同伙一并清除。做完这两件事，惠公虽解除了执政的内忧外患，但信誉尽失，人心涣散。

晋惠公四年(前 647)，晋国发生饥荒，请求秦国支援。秦穆公听从了百里奚的建议，没有计较晋惠公悔约的前嫌，派了大量的船只运载粮食，由秦都雍至晋都绛，沿渭河入黄河转汾河再转浍河，运粮的船络绎不绝，被称为“泛舟之役”。第二年，秦国发生灾荒，请求晋国支援。晋惠公与大臣商议后不同意支援，回绝了秦国的请求。

晋惠公六年（前 645），秦国渡过灾荒，秦穆公率兵大举伐晋。晋惠公整军抵御，因其轻诺寡信，臣下离心离德，军人士气不振。两军战于韩原（今山西河津与万荣之间），晋军大败，惠公被俘。秦穆公新仇旧恨难消，欲除之而后快。多亏穆公夫人是惠公之姊，从中斡旋并以自焚相要挟，穆公才打消了杀死惠公的念头。后秦穆公与晋惠公在秦国订立了盟约，礼送惠公回晋继续为君。

晋惠公在位期间，主要的政治活动围绕着承继大统稳固地位而展开，从割让国土，到封官许愿，再到以怨报德，无不服务于这个中心。由于惠公轻诺寡信，背信弃义，使惠公在国内国外始终处于“失道寡助”的地位，不仅自己一度成了阶下囚，而且使得整个晋国丧失了争霸的机会和能力。晋国在历史上变强成为五霸之一，是重耳即晋文公当政的结果，而重耳之所以有此政绩，恰恰得益于他重诺守信的道德品质。

故事二：富商寡信赴黄泉

《郁离子》记载：济阳有个富商，过河时船沉了，他抓住一根大麻杆大声呼救。有个渔夫听到呼救声迅速赶来。富商急忙向渔夫喊道："我是济阳最有钱的人，你若能救我上岸，我将送给你 100 两黄金。"渔夫不由分说跳进水里，把富商救了上来。富商上岸后，马上翻脸不认人，拒绝兑现承诺的 100 两黄金。经过讨价还价，富商最后只给了渔夫 10 两黄金。渔夫愤怒地指责富商轻诺寡信，出尔反尔，而富商反唇相讥："你一个穷打鱼的，一辈子都挣不了几个钱，今天遇到我，给了你十两黄金，算是天上掉下了一块大馅饼，你有什么不满足的？"渔夫听后悻悻而去。

真是天有不测风云，人有旦夕祸福！历史总是惊人地相似，几年后的一天，富商在上次落水的地方又遇翻船，恰巧又碰见当年的渔夫。

富商大声呼救，拼命承诺，但渔夫始终无动于衷。其间曾有别人前来搭救，渔夫说："他是一个说话如同放屁的人，毫无诚信可言，还是让他去死吧！"富商就这样被淹死了。

虽然在同一地点两次翻船并遇同一渔夫是偶然的，但轻诺寡信一定会付出代价则是必然的。以"轻"立身，其言必不可信，其诺必不能守，失去诚信，亦即使自己置于一种恶劣的人际生态之中，一旦遭难，就只能坐以待毙。

轻诺寡信，直接的后果是给当事人带来道义损失和造成人脉崩溃，进而动摇其成功的"人和"基础，使其在成功的道路上困难重重或者压根儿就不能成功。老子"多易必多难"，又何尝不能理解为信口开河或随意承诺必然会在生活实践中遭遇重创呢？大凡那些功成事遂或在人生的道路上逢凶化吉的人士，无不重言慎语、重诺守信。

作为"一诺千金"成语的原型人物——季布，因鼎力相助项羽而与刘邦结下仇怨。刘邦建立汉朝后曾悬赏千金捉拿他，并下令有胆敢窝藏季布知情不报者灭其三族。季布何许人

图 5-3　季布像

物？当时楚地流行的一句谚语叫作“得黄金百斤，不如得季布一诺”。尽管汉高祖严令缉拿，但争相收留（窝藏）季布的却不计其数，愿意为其疏通奔走的人士遍布朝野。在汝阴侯滕公的斡旋下，汉高祖不仅赦免了季布而且委以重任。汉惠帝时期，季布出任中郎将，汉文帝时期，季布担任了河东郡守。

“学界泰斗”季羡林的故事同样说明了重诺的重要性。

有一年，在北京大学新生入学现场，一位新同学带了许多行李，因无人照看而不能去各个流动窗口办理入学手续，正在一筹莫展之际，恰好看到一位衣着朴素的长者迎面走来，这位学生以为是校内的勤杂工，情急之下喊道：“师傅，麻烦您帮我照看一下行李,我办完手续就来。”“师傅”愉快地答应了。一个多小时之后,当这位新生办完一切入学手续回来,发现那位“师傅”寸步不离地守护着他的行李。在第二天新生入学典礼上,这位新生蓦然发现,昨天为他守护行李的“师傅”正坐在主席台中央,他就是当代著名的语言学家、教育家、国学大师、北大副校长季羡林先生。

这只是季先生一生中众多诚信事件的一个缩影。这位学生事后说道:“季老身上透射出的人格魅力将影响我的一生!”季先生之所以能成为学贯中西名扬四海的学术大家,除其深厚的学术功力以外,高尚的人格修养、守信的道德品质,无疑起了重要作用,甚至其学术功力的养成亦与此密切相关。

第六章

多言数穷（下）

争辩，若把这两个字拆开来解，都是老子所反对的，老子主张不争，同时也强调弃辩，因此，这两个字组合在一起，在老子那里就具有极强的负面意义而成为“多言”的第三种形态。

老子认为道的品格是“生而不有，为而不恃，长而不宰”，并且主张“道法自然”，以自然作为尺度，追求一种自然而然的过程和自然而然的结果，功夫做到家了，水到自然渠成，该你的就是你的，何须争？不当得欲得，所以争。真的就是真的，假的就是假的，一切顺乎自然，又何须辩？想文过饰非、欲颠倒黑白，所以辩。

因此在老子那里，争辩就是以自我为中心或目的的强词夺理，如我们常见的强辩、狡辩、诡辩，为彰显自己而利用强势地位对他人无端地指责或不顾事实地批评，“欲加之罪何患无辞”式的语言上的挑刺或挑衅等，皆属于争辩的范畴。如《孟子》的“世有强辩饰非，闻谏愈甚者。[1]”刘埙在《隐居通议》中说，世上多有“露才扬己，强辩护短者”[2]。而正常合理的、场合适当的事实分辨、观点陈述、问题争论或者辩论比赛，则不在此列。

有一篇古文，描述了盗牛者强辩的情景：

原文：有盗牛而被羁者，熟识者过而问曰：“汝何事？”答云：“晦气撞出来的。向在街上闲走，见地上草绳一条，以为有用，拾得之耳。”问曰：“然则罪何以至此？”复对云：“绳头还有一小小牛儿。”旁观者曰；“是盗牛者也，咎由自取，何强辩为？”

译文：有一个因偷牛被抓的犯人，认识他的人路过看到了就问道：“你因为什么事而被抓呢？”他答道：“我真是太倒霉了。我在街上闲逛，看见地上有一根草绳，觉得有用，就捡了起来。”认识的人问：“既然这样，为什么量刑会重到这种地步？”他又回答说：“绳的那头还有一头小牛。”旁观的人说：“原来是个偷牛的人，罪过是自己造成的，为什么要强辩呢？”

对于强辩、狡辩等“多言”形式，人们容易辨别也

---

① 意为通过强辩来掩饰错误，听到别人指正，愈加强辩。
② 意为通过强辩来显露才华，张扬自己，掩盖短处。

极易反驳，但对于诡辩这种类似于高智商的语言“游戏”，则极难辨别与反驳。诡辩既不同于一般的武断，也不同于谣言。武断，属于根本没有根据，人们一眼就能洞穿；而谣言纯粹是无中生有，人们一听就能知道其险恶用心，留待时日，也自然真相大白。但诡辩却总能给人一种逻辑似乎合理、论据似乎充分、事实似乎存在的印象，明知其中有诈，反驳则无从下手，不知不觉落入圈套。中国历史文献中最早记载“诡辩”一词的是汉代刘安的《淮南子·齐谷训》：“诋文者处烦扰以为智，多为侥辩。久稽而不决，无益于讼。”侥辩即诡辩。《史记·屈原贾生列传》中记载：“(靳尚)设诡辩于怀王之宠姬郑袖。”《汉书·赵王彭祖传》中记载：“心刻深、好法律，持诡辩以中人。”从这些史料中可以看到，诡辩一词，从一开始就是指那种似是而非、颠倒黑白的议论。在西方哲学史上，黑格尔可以说是第一个对诡辩论做过系统批判的哲学家，他曾指出：“诡辩这个词通常意味着以任意的方式，凭借虚假的根据，或者将一个真的道理否定了，弄得动摇了；或者将一个虚假的道理弄得非常动听，好像真的一样。”

下面略举几例并试加分析。

1. 狗是父亲

你有一条狗，

它是有儿女的，

因而它是一个父亲；

它是你的，

因而它是你的父亲；

你打它，就是打你自己的父亲。

这则诡辩来自亚里士多德的《辩谬篇》。把狗说成别人的父亲，诡辩设计者使用了推论，乍看过去似乎无懈可击，其实不然。此推论一是利用字词的“歧义”，当一个字词有两个或两个以上的意义时，若在推论中同时被使用，则必然出现荒谬；二是偷换逻辑概念，而偷换概念不仅反逻辑而且反事实。

2. 借钱不必偿还

古希腊哲学家赫拉克利特说：“人不能两次踏入同一条河流。”意谓一切事物都是运动变化的。依据这条原则，债权人与债务人有过下列对话：

债权人：你借我的钱已经到期，请尽快归还。

债务人：我没有借你的钱。

债权人：这里有借据，你岂能抵赖？

债务人：虽有借据，但借钱时候的我已经不是现在的我了，因为一切事物都在运动变化，我也不能例外，所以我没有借你的钱。

债权人一听这话，怒从心中起，恶向胆边生，一气之下把债务人打了个半死。债务人以债权人打人为由，把债权人告上了法庭。法官于是向债权人询问是否打人。

债权人：我没有打他，因为一切事物都是运动变化的，打人时候的我已经不是现在的我了，所以我没有打人。

辩证法既承认运动的永恒性、绝对性，同时也承认任何事物都有一定的相对静止状态，亦即是这一事物的质的稳定性。静止状态不是不变化而是一种特殊的变化，即事物处于量变状态而没有发生质变。若把运动绝对化，不承认物质的相对稳定性亦即相对静止，就会走向“彼亦一是非，此亦一是非”的相对主义。在本事例中，无论是债权人还是债务人，从出生以后到死亡之前都处在量变的相对静止状态，因此无论是借钱的时候还是还钱的时候，无论是打人的时候还是在法庭审理的时候，他们仍然是他们自己，这个“质”是没有变化的，亦即这种诡辩是不能成立的。

据说，公孙龙有一天骑着一匹白马进城，城门看守官告诉他马不能进城，于是公孙龙就作了一番“白马非马”的论证，说服了守城官让他乘白马进入城内。这极有可能是一个“美丽”的传说。

3. 白马非马[①]

原文：“白马非马”，可乎？曰：可。曰：何哉？曰：马者，所以命形也；白者所以命色也。命色者非命形也。故曰：“白马非马”。

译文：问：可以说白马不是马吗？答：可以。问：为什么？答：“马”是对马的形状的规定，“白马”则是对马的颜色的规定，对颜色的规定与对形状的规定，自然不同。所以说，白马不是马。

原文：曰：有白马不可谓无马也。不可谓无马者，非马也？有白马为有马，白之，非马何也？曰：求马，黄、黑马皆可致；求白马，黄、黑马不可致。使白马乃马也，是所求一也。所求一者，白者不异马也。所求不异，如黄、黑马有可有不可，何也？可与不可，其相非，明。故黄、黑马一也，而可以应有马，

① 选自公孙龙《公孙龙子》。

而不可以应有白马，是白马之非马，审矣！

译文：问：有白马，不可以说是没有马。既然不可以说是没有马，那么白马不就是马吗？既然有白马称为有马，那么为什么白色的马不叫马呢？答：如果要求得到"马"，黄马、黑马都符合条件；如果要求得到"白马"，黄马、黑马就不符合条件了。假使白马就是马，那么要求得到马与要求得到白马是一回事，如果所要求得到的是一回事，那么，白马与马自然就没有区别，但是，如果要求得到马与要求得到白马没有区别，那么，为什么黄马、黑马可以满足求马的需要而却不能满足求白马的需要呢？既然黄马、黑马符合对马的要求而不符合对白马的要求，白马与马二者不同，则是明显的。所以，黄马或黑马可以满足对马的要求，而不可以满足对白马的要求，因此，"白马不是马"，就再也清楚不过了。

原文：曰：以马之有色为非马，天下非有无色之马也。天下无马，可乎？曰：马固有色，故有白马。使马无色，有马如已耳，安取白马？故白者非马也。白马者，马与白也。马与白，非马也。故曰白马非马也。马未与白为马，白未与马为白。合马与白，复名白马。是相与以不相与为名，未可。故曰：白马为马未可。以"有白马为有马"，谓有白马为有黄马，可乎？曰：未可。曰：以“有马为异有黄马”，是异黄马于马，是以黄马为非马。以黄马为非马，而以白马为有马，此飞者入池而棺椁异处，此天下之悖言乱辞也。

译文：问：马有了颜色就不同于马了，可是天下没有无颜色的马，能说天下无马吗？答：马本来有颜色，所以有白马。假使马没有颜色，只能说有“马”而已，又何谈白马？所以，“白”与“马”是不同的。所谓白马，是马与白的结合，马与白的结合体当然与马就不是一回事了。所以说白马不是马。马不与白结合则是马，白不与马结合则是白。把白与马结合起来，又得到一个新的名称叫白马。结合而成的复名用来表示没有结合的单名，是不可以的。所以，不可说白马是马。按照“有白马就是有马”，能否说有白马就是有黄马呢？答：不可以。又答：既然承认“有马不同于有黄马”，也就是把黄马与马区别开来了，所以说黄马不是马。既然把黄马与马区别开来，反而要把白马与马等同起来，这不就是叫飞鸟沉入水底飞翔而让棺与椁各分东西一样地胡言乱语吗？

原文：曰：以“白马不可谓无马”者，离白之谓也；不离者，有白马不可谓有马也。故所以为有马者，独以马为有马耳，非以白马为有马。故其为有马也，不可以谓“马马”也。“白者不定所白”，忘之而可也。白马者，言白定所白也，定所白者，非白也。马者，无去取于色，故黄、黑皆所以应；白马者，有去取于色，黄、黑马皆以色去，故唯白马独可以应耳。无去者非有去也，故曰“白马非马”。

译文：答：认为“有白马不能说是没有马”的人，事实上是去掉了“白”才这样说的；若不去掉“白”，就不可以说有白马就是有马。因此，之所以说有马，单单因为马（马不能与其他结合）所以才说有马，不能说有白马就有马。因为有马所以有马，而不可以说因为有白马所以有马。白色并不限定于哪一种事物的白上，因而可以忽略不计。而白马，则是限定于白色的马，并不是指一种纯粹的白色。同样的道理，“马”正是因为没有限定在哪一种颜色上，所以，黄马、黑马皆可以算作马；白马，只限定于白色的马，黄马、黑马都因为不是白色而被排除在外，所以就只有白马才符合要求。不加限定与加以限定是有区别的，所以说白马不是马。

诚如公孙龙在与孔子后人孔穿辩论中所言，“白马非马”是他的成名之作、立命之作、特长所在，决然不能放弃。但在我们看来，“白马非马”的确是一则不折不扣的诡辩，无论它为公孙龙带来多少名声，这种性质不可能改变。调侃一点说，白马不是马，如同女朋友不是朋友、阳光女孩不是女孩、模范丈夫不是丈夫一样荒谬。公孙龙虽然发现了名词外延与内涵的差异、命题主语与述语的对立，但他却把这种差异和对立绝对化，辩证之花却结出了形而上学之果，甚为遗憾。在一个肯定的逻辑命题中，主词表示个别或种，谓词表示属或一般，属与种、一般与个别是对立的统一。“白马”是种、是个别，“马”是属、是一般，而一般只能存在于个别之中，个别则大致地包含了一般(列宁语)，“马”是一般，“白马”是个别，“马”只能存在于白、黄、黑等马之中，离开了具体的马，“马”就是一种纯粹的抽象、一种虚无；“白马”作为个别的马又必然属于马这一类，具有“马”的一般性质和属类特征，否则，就不能称之为白“马”，只能称之为白驴、白狗等。

4. 庄周知鱼乐[①]

原文：庄子与惠子游于濠梁之上。庄子曰：“鯈鱼出游从容，是鱼之乐也。”惠子曰：“子非鱼，安知鱼

① 《庄子·秋水》中记载了庄子与惠子在濠水桥上游玩时发生的一场辩论。

图 6-1 濠梁秋水图(局部)

之乐?"庄子曰:"子非我,安知我不知鱼之乐?"惠子曰:"我非子,固不知子矣;子固非鱼也,子之不知鱼之乐,全矣!"庄子曰:"请循其本。子曰'汝安知鱼乐'云者,既已知吾知之而问我。我知之濠上也。"

译文: 庄子和惠子在濠水桥上游玩。庄子说:"儵鱼在水中悠闲从容,这是鱼的快乐啊。"惠子说:"你又不是鱼,怎么知道鱼的快乐?"庄子说:"你又不是我,你怎么知道我不知道鱼的快乐呢?"惠子说:"我不是你,固然不知道你;而你本来就不是鱼,当然不会知道鱼的快乐,则完全可以断定!"庄子说:"请从我们最初的话题说起。你说'你怎么知道鱼的快乐'这句话,表明你已经知道我知道鱼的快乐才来问我(是怎么知道的)。我是在濠水的桥上知道的。"

"濠梁之辩",充满睿智,给人一种怡情益智的享受。一个从审美的角度出发,另一个从求真的角度入手,而双方都想站在自己的立场上说服对方,最后只能诉诸诡辩。若把庄子说的"鱼是快乐的"作为正题,惠子作为反方就应该寻找证据证明"鱼不是快乐的",但惠子却以"子非鱼,安知鱼之乐"切入争论,通过转移论题而将这场争论引向诡辩。庄子不知不觉中了惠子的圈套,以"子非我,安知我不知鱼之乐"作答,使诡辩成为事实。惠子以"我非子,固不知子矣;子固非鱼也,子之不知鱼之乐,全矣"作辩,使庄子陷入被动的境地。庄子猛然醒悟,通过"请循其本"紧急把论题拉了回来,随后一句"既已知吾知之而问我"的诡辩语句,使其"循本"大打折扣。在笔者看来,彻底的"循本"则应当回到"鱼是快乐的,若不同意,请说明(鱼不快乐的)理由"这个最初的命题上来。

不可否认,单就一种语言形式而言,诡辩对于人们逻辑思维的完善和思维能力的提升确实有一定的作用,老子是否承认这种作用,不得而知。但诡辩作为争辩的一种表现形态,必然反映为以自我为中心、以"有争"为目的的语言扩张,而这恰恰与老子的"不争""弃辩"相冲突,必然为老子所反对。

关于不争,老子有过许多论述。在《老子》8 章中,他号召人们向水学习,学习水自甘处下的品格,滋润万物的情怀,利他不争的精神,“夫唯不争,故无尤”。正是因为不争,所以就不会有过失和罪错。

在 22 章中,老子用“四不”来忠告人们:不要自我表现,不要自以为是,不要自我吹嘘,不要自我矜持。因为自我表现、自以为是、自我吹嘘、自我矜持都是要“争”、欲“争”的表现。“夫唯不争,故天下莫能与之争。古之所谓曲则全者,岂虚言哉!诚全而归之。”只有做到不争,天下没有人能与你争,亦即你的目的、愿望自然而然地在不争中兑现,古人所说的“曲”才能“全”,难道是一句空话吗?“曲”是委屈、承受,代表的是不争,“全”是保全、获得,代表的是后果。实实在在地做到了不争,所有的目的和愿望都能得到实现,亦即心想事成。

在 66 章中,老子以统治者为例,分析了不争带来的客观结果,亦即统治者通过“争”的方式想达到而不能达到的结果,“是以欲上民,必以言下之。欲先民,必以身后之。是以圣人处上而民不重,处前而民不害。是以天下乐推而不厌,以其不争,故天下莫能与之争”。想处在上位统治人民,就必须在言语上谦卑处下(包括政令这种言语),若要站在人民的前头引导或领导人民，就一定要把自己利益的满足放在人民利益满足的后面（“后天下之乐而乐”）。所以，统治者居于上位而人民没有压力，统治者站在前面引导、领导而人民没有受到伤害。所以，天下众生无不欢喜、拥戴，更不会发生厌恶统治者的事情（这难道不是统治者试图通过“争”想要达到的结果吗）。用不争的方式治理天下，天下就会长治久安，所以，没有人能与你争啊！在68章中，老子又把“不争”作为一种与道相合的大德，“是谓不争之德……是谓配天古之极”①。

在《老子》81章中，老子提出，只有淡化利己心、占有心，以帮助别人、成全别人为宗旨，你才会越来越富有（包括精神上的富有），你的地位才会越来越重要、显赫。上天的规则是利益众生而不伤害，圣人的规则是服务众生而不争抢。“圣人不积，既以为人己愈有，既以与人己愈多。天之道，利而不害；圣人之道，为而不争。”天地的不争是根源于道的不争，而圣人的不争则根源于天地的不争。这个思想，《老子》7章中表述得更为充分：“天长地久。天地所以能长且久者，以其不自生，故能长生。是以圣人后其

① 配：符合。天古之极：即道。

身而身先，外其身而身存。非以其无私邪？故能成其私。”天之所以长，地之所以久，就是因为它们不自私，不为自己的生计考虑，亦即以利益万物为本的原因啊。圣人效法天地，优先满足民众的利益，自己的统治地位自然得以稳固（亦即自己利益的满足）；奋不顾身地为百姓的生计操劳，自己的生计自然就有着落，自己的身家性命也自然得到保全。大禹泯杀父之仇，“三过家门而不入”，救百姓于洪水，自然成了天下的“共主”；商汤为排除旱灾，置身篝火之中，焚身为百姓祈雨，自然成就了一世英名。老子问道：这难道不是因为无私的原因吗？所以无私（亦即不争），才能实现梦想，成就理想，走向成功。“故能成其私”之“私”，不是指私心、私欲，而是一种奉行无私之后的客观的结果。这种结果，在世俗的人眼中可以叫作“私”，但由于是行为人无心为之所得，是“公”的一种附属物，不是一般意义上的“私”。

如果抱着“私”的目的，出于“争”的考虑，就很难说出“善言”，在生活实践中，若不能言“善言”，其人生道路必然充满着坎坷。

一位名牌大学毕业的博士研究生，应聘一家房地产公司的高管，董事长对他的简历很满意，在150多人的竞争者中，特意安排这位研究生来面试。董事长问：“如果你有幸成为我企业的一员，你最关心的是什么？”答：“一个月底薪多少？”问：“除了这个，你还关心什么？”答：“企业给不给上三险？”问：“除了这个，你还关心什么？”答：“企业有没有住房补贴？”问：“除了这个，你还关心什么？”答：“有没有吃饭补贴？”……董事长一怕桌子，怒气冲冲地说：“我还给你‘补’鞋‘补’袜子呢。”

博士生应聘的失败，源于不懂“后其身而身先；外其身而身存”的道理，只有出于利他的考虑，帮助别人得到他想得到的，你才能得到你所得到的。若是一家效益好、信誉强的企业，只要踏实工作，自然能得到相应的回报并在工作中得到历练。“不为薪水而工作”，这句被约翰·戴维森·洛克菲勒奉为准则的人生格言，不正是因为其中蕴含的“不争”而闪耀着真理的光辉吗？后来，这位博士生又参加了公务员考试，在同一岗位的竞争中，考试成绩名列第一。在面试环节上，考官向他提出了这样一个问题：“你对中国历史上的哪一个人物最为欣赏？”他想都没想，脱口而出：“和珅。”和珅是贪污腐败的典型反面教材，欣赏和珅又怎么能做好公务员呢？面试结果可想而知。

需要指出的是，老子说的不争有着特定的内涵，正如“无为而无不为”一样，“不争”的结果就是“无不争”。“无不争”体现的顺自然按规律去争（结果不是“争”来的，而是自然而然实现的），不做非分之争。如果以自我为中心，出于私心私欲去争，语言上必然体现为“辩言”，“辩言”一旦得不到重视或认可（事实上大多得不到重视和认可），情绪上就会恼羞成怒，语言上也会从“辩言”逐渐向强辩、狡辩甚至诡辩转变。

老子并不绝对地反对辩，比如“大辩若讷”①（45章），他所反对的是由“争”而来的“辩”。《老子》19章指出：“绝圣弃智，民利百倍；绝仁弃义，民复孝慈；绝巧弃利，盗贼无有。此三者以为文不足，故令有所属：见素抱朴，少私寡欲。”

上面的原文来自王弼本，与“竹简本”的原文有所不同：“绝智弃辩，民利百倍。绝巧弃利，盗贼无有。绝伪弃诈，民复孝慈。三言以为使不足，或令之有乎属：视素抱朴，少私寡欲。”

我们认为，“竹简本”更接近老子的原意，老子文

① 意为大辩乃符合自然之辩，宛若木讷。

本中多处出现从正面意义上使用的“圣”字，说明老子并不反对“圣”(反对“圣”的是庄子)，因此，没有必要绝“圣”。老子并不反对仁义，而是主张仁义应与道相统一，如8章中的“与善仁”等，他反对的是与道相割裂的仁义，如大道废弃了还在那里空谈仁义就是虚伪(见18、38章)，因此，老子不可能采取“绝仁弃义”式的极端态度。依据以上理由，笔者认为，19章原文采用“竹简本”较为妥当。

19章的话是针对统治者说的，在老子看来，统治者若弃绝算计和争辩(繁苛政令亦是“辩”之一种)，人民会获利百倍；弃绝虚伪和狡诈，人民会重返孝慈；弃绝机巧和私利，盗贼会自然绝迹。这三者(“三绝三弃”)作为施政的纲领、原则还是远远不够的，所以，统治者治理天下，应清心寡欲，一切以道为转移。

“绝智弃辩，民利百倍”，“智”是智巧、权谋，“辩”是争辩、多言。统治者若能抛弃所谓的智术、权谋、算计，真正做到以道治国，百姓就能受惠无穷。在10章中，老子向统治者发问：“爱民治国，能无知乎？”[①]在65章中，老子用“以智治国，国之贼；不以智

① 意为关爱百姓，治理国家，君王能不用自己的聪明才智吗？

治国,国之福"[①]等语句,直接表达了对"以智治国"的厌弃。

"辩",即争辩,作为多言的一种形态,可引申为繁苛之政令等。老子之所以提出"弃辩",则基于道法自然的要求,悟道之士亦即"智者",应行"无言之教",正所谓"知者不言,言者不知"[②](56 章)。政令繁苛,朝令夕改,喋喋不休,巧舌如簧,歪理邪说,舆论轰炸,不仅不能使人们响应或回应,反而使人们厌恶、反感和疏离。遵循自然,崇尚无为,绝智弃辩,才能实现"不言而善应"(73 章)。

有一位记者写了一篇很有趣的文章叫《最佳辩手》,文中描述了一位国内的女辩手到美国后,仍是铁嘴铜牙,因为一件小事,得理不饶人,非要辩得对方哑口无言不可。论道理,她是胜了;论人情,她却输了——全公司的人都觉得她"不可理喻"。这位辩手因为争辩的习惯吃了不少亏,她在追忆当年的辩论时说:"辩论赛让人丧失了倾听与理解的能力,不仅非此即彼的辩题设置是一种弱智,而且一旦把辩论的方式带入到现实中的任何讨论、争论,你会发

① 意为君王倚仗自己的权谋治国,乃国家之祸害;不以权谋治国,乃国家之福祉。

② 意为智者从不多言,多言者不是智者。

现，最后所有的一切都将成为口水，将人带入深渊。”她奉劝国人在生活中或在大部分的工作关系中不要再进行辩论赛式的辩论或争辩。

日常生活应该是温馨的、平淡的、和谐的，没有那么多的大是大非问题需要较真，也没有那么多的真理谬误需要判别，即使有时遇上这类问题也没有必要通过火药味十足的辩论来加以解决。生活中大量的问题或现象，是没有非此即彼的对错之分或者对错的界限相当模糊，大多数分歧则是由于阅历或角度的不同而引起的，只有宽容乃至包容，才能维持一个正常的人际生态。

在 81 章中，老子提出“善者不辩，辩者不善”①，他把“辩”的坏处由事实层面上升到伦理层面，把“弃辩”的诉求由统治者推向普通大众。强辩、狡辩、诡辩等，不仅反映了一种低劣的道德品质，而且也是不好、不善之人的外在标签。生活中的大量事实说明，凡是那些真诚待人、忍辱不辩、埋头做事、低调做人之人，往往都是道德上的君子；相反，那些花言巧语、侮辱诽谤、造谣生事、文过饰非、无理胡缠之人，往往也是道德上的小人。《论语》记载，有人向孔子说冉

① 意为善良的人不争辩，争辩的人不善良。

雍有仁德却没有辩才，孔子回答说："焉用佞？御人以口给，屡憎于人。不知其仁，焉用佞？"[①]"巧言令色，鲜矣仁。"[②]

有一则释迦牟尼的故事：

佛陀（释迦牟尼）在世时，有一个人因嫉妒其巨大的社会威望，故意向佛陀挑衅。有一天，他见到佛陀时破口大骂，极尽侮辱之能事。但不管他态度如何恶劣，言语如何粗俗，佛陀始终保持沉默。在他骂够骂累骂完以后，佛陀才开口说："朋友，如果有人送礼给他人，被对方拒绝，请问该礼物如何处理？"此人不假思索地说道："当然由送礼的人带走了。"佛陀见他如此回答，继续问道："你现在对我破口大骂，如果我不接受你的言辞，请问这些言辞又该属于谁呢？"此人一时语塞，继而醒悟，诚恳地向佛陀道歉，并发誓改错，永不再犯。

这个故事发人深省，多言强辩，不仅失人，而且

① 意为何必要伶牙俐齿呢？靠伶牙俐齿与人辩论，常常招致别人憎厌。这样的人不知道是否具有仁德，但又何必要伶牙俐齿呢？

② 意为花言巧语，装出和颜悦色的样子，这种人是没有什么仁德的。

失德。

世俗生活中的争辩并不能带给我们任何好处，反而是伤害的开始。事实或是非并不以“辩”而改变。不当说而说，就是多说，多说必招怨；不当言而言，就是多言，多言必惹祸。“辩”，从结构上来看，中间的“言”被两个“辛”（苦）夹住，预示着这种话说出来痛苦无比。有些人，但凡朋友或同事聚会，就会在餐桌上口无遮拦，攻击这个，贬低那个，讽古非今，语言上所向披靡，甚至抓住别人的一句话死缠烂打，结果饭后发现，朋友没了，人脉丢了，严重的甚至连饭碗也失去了。同时还有一个不易察觉的后果是，以为自己在辩论中取胜了，迷恋于自己的成功而把自己争辩言论中的错误当作真理坚持下去，这也就意味着他永远丧失了改正的机会，并将贻误终生。

在孔子的故乡流传着一个“三季人”的故事：

有一天，孔子的学生子贡在门外扫地，来了一个客人问他：“你是谁啊？”他自豪地说：“我是孔老先生的弟子！”客人说：“我能否请教您一个问题？”子贡很高兴地说：“可以啊！”客人问：“一年到底有几季？”子贡回答道：“春夏秋冬四季。”客人摇摇头说：“不对，一年只有三季。”“你搞错了，四季！”子贡理直气壮。“三季！”来人毫不示弱。最后两人争执不下，决定打赌：如果是四季，客人向子贡磕三个响头；如果是三季，子贡向客人磕三个响头。子贡心想这次赢定了，于是准备带客人去见孔子。恰巧这时孔子从屋里出来，子贡向前问道：“老师，一年有几季呀？”孔子刚才已听到二人的对话，他看了客人一眼，不慌不忙地说：“有三季。”客人马上说：“磕头磕头！”子贡没办法，只好乖乖地磕了三个响头。待客人走后，子贡忙问老师：“一年到底应是几季？”孔子答：“四季。”子贡面露疑惑之色。孔子说：“刚才你没看到那个客人满身碧绿，满脸苍翠吗？他分明是田间蚂蚱。蚱蜢者，春天生，秋天亡，一生只经历过春、夏、秋三季，哪里见过冬天？你跟这样的人就是争上三天三夜也不会有结果的。你吃点亏，磕三个响头，不仅可以打发这个胡搅蛮缠的人尽快离开，而且他一辈子都会以为一年有三季啊，吃大亏了。”子贡听后，恍然大悟。

有人说这个故事出自《论语》，遍寻《论语》各章并未发现这个故事，想必为后人所编撰，因为按照孔子“学而不厌”“诲人不倦”“有教无类”的治学风格，决不会如此处事。无论是否真有其事，但这个故事的寓意却十分深刻。遇到不讲道理、胡搅蛮缠、歪理成堆的人，不妨想一想“三季人”的故事，心理也就平衡了。在我们周围，确实存在一些“三季人”，越是心中发软就越是口中发硬，越是知识浅薄就越是满口经纶，越是真理少就越是声音大，瞒天过海，欺上罔下，翻手为云覆手为雨，死蛤蟆说成活天鹅，“咬住屎橛荡秋千”[①]。虽然“三季人”有时亦能收获一点蝇头小利或得到些许的心理慰藉，但终究误人害己，遗患终生。

20世纪90年代，当代作家王蒙曾在人民日报上发表过一篇文章，里面也讲到过一个类似于“三季人”的故事，故事梗概如下：

> 民国时期，甲乙两人就《三国演义》中“黑旋风”的名字展开了争论，甲认为“黑旋风”叫“李逵”，乙则认为“黑旋风”叫“李達”（“达”的繁体）。双方争得不可开交，最后以打赌的方式来解决争端：若是李逵，乙付给甲一块大洋；若是

① 来自北方俚语“咬着屎橛儿打提溜”，比喻一个人太较真儿，对一点小事甚至是不值得的事不依不饶。

李逵，则甲付给乙一块大洋。甲乙找了一位双方共同认可的教书先生来做裁判。出人意料的是，教书先生却一口咬定是“李達”。甲无奈，只好付给乙一块大洋。乙“得胜”归去后，甲一把抓住教书先生，几近愤怒地问道：“明明是李逵，你为何说是李達？”教书先生平静地说：“你只不过输掉了一块大洋，而乙却会一直认为‘黑旋风’叫李達，你害了他一辈子啊！”甲哑然失笑，疑惑顿失。

争辩是一种对人际关系极具杀伤力的不良语言行为，有人之所以喜爱争辩，除了自我中心、自我目的、自我欲望追求、自我操守低下等原因以外，还有其心理原因。有些人已经形成了一种争辩的思维方式和语言习惯，甚至到了一种为辩而辩的地步，要么抓住一点，不计其余，要么貌似认同，实乃唱反调；无论听到什么话，看到什么事，都想辩一辩，显摆一下。比如，你说这个女孩漂亮，他要么举出证据说这个女孩不漂亮，要么承认女孩漂亮但又挑出诸多缺陷，如“鼻子有点歪或眼睛有点斜”等。有些人性格特征中的爱挑毛病、爱走极端，在某种程度上强化并加剧了好辩倾向，在某种意义上甚至成了好辩的根源。

“多言数穷”，在婚姻家庭关系中能发现更多的例证。据美国纽约家事法庭的法官海勃格证实，导致婚姻不幸或破裂，最主要的原因是丈夫忍受不了妻子们的喋喋不休。“许多做妻子的，不断地一点一点地挖掘吵闹的资源，造成她们自己婚姻的坟墓”(《波士顿邮报》语)。《电信世界》曾经报道了这样一件看起来十分离奇的事情。

一个已经50岁的维修员一连雇用了3名杀手，最后终于杀死了自己的妻子，其原因竟然是他忍受不了妻子的唠叨。据这位丈夫说，他的妻子总是能够围绕一件不起眼的小事说上三天三夜，这都快要把他逼疯了——事实上，从他做出雇凶杀人这件事情上看，他事实上已经疯了。还有一名32岁的坦桑尼亚男子，用一瓶驱虫剂过早地结束了自己的生命。人们在他的尸体旁发现了一个药瓶和一封信，那封信里有这样一句话：“我决定立即结束我的生命，因为我妻子的喋喋不休已让我无法忍受。”

请看下面的三个经典故事。

故事一：

拿破仑三世的侄子拿破仑·彭纳派德，被郁金尼·德伯女伯爵的青春、美貌、优雅深深吸引，坠入爱河并最终成婚。他们拥有幸福婚姻的一切条件，但他们的爱情圣火却很快化为灰烬，原因是他忍受不了她的喋喋不休。由于嫉妒和多疑，郁金尼不许拿破仑独处，她总是围着他说长道短，因怀疑他与别的女人有染而随时闯入他的办公室或书房大吵大闹，抱怨、哭泣、恫吓、谩骂轮番轰炸，拿破仑烦不胜烦，最终移情别恋，经常在夜深人静之时，戴一顶遮眼软帽，从侧门偷偷溜出，与等待他的美女约会。

故事二：

托尔斯泰的人生是一个悲剧，而悲剧的原因，是他的婚姻。他妻子喜欢奢侈，但他追求简朴；他妻子渴求名誉与称赞，但他却认为名誉与称赞是一种累赘；他妻子企求金钱与财产，但他却视财富及财产为一种罪恶；托尔斯泰坚持要放弃他的书籍出版权，而他的妻子却希望那些书籍产生金钱、财富和地位。托尔斯泰将所有地产给了别人，自己种田、砍木、堆草、做鞋、扫屋，过着苦行僧式的生活。多年的时间里，她常常责怪、抱怨、叫骂、发狂、恫吓、发飙，最后，82岁的托尔斯泰不能再忍受他的妻子，于1910年10月的一个雪夜——在寒冷黑暗中漫无目标地离家出走了。11天后，他患肺病死在一个车站上，他临死的请求是不要让他的妻子来到他的面前。托尔斯泰的妻子去世前，曾对女儿们坦承："你们父亲的死，是因为我的缘故。"她的女儿们知道母亲说的是实话——母亲不断的抱怨、永久的批评、不休的唠叨将父亲害死了。

一些历史学家却认为，林肯一生中真正的不幸，则是他与玛丽·托德结婚后的23年的家庭生活。在美国的书籍中，凡是谈到林肯的家庭生活，都会出现"林肯的悲剧""苦命的林肯""大人物在结婚上的魔障"等字眼。这到底是怎么一回事呢？

故事三：

林肯为人谦逊和蔼，而玛丽·托德却孤傲自大、心胸狭隘、嫉妒心极强并十分任性。她对服饰及外表极为讲究，还常常将她的"阔祖宗"挂在口上，因为她的祖父、曾祖父和曾叔祖父做过将军和州长。

每当林肯出现在她面前时，她就会喋喋不休。她对林肯身上的每一个部位都看不顺眼，她嫌林肯的头长得太小，手脚长得太大，鼻梁不直，下腭突出，看上去像只猩猩……她最看不顺眼的是林肯走路的姿势，她认为林肯走起路来脚提得太低，没有气派，活像个印第安人。据厄尔利夫人回忆：有一次我们三个人在恭候进早餐时，林肯先生正在专心看报纸，没有听清楚夫人讲的话，也没有答她的话——没想到，林肯夫人竟将一杯热咖啡泼到林肯的头上……他坐在椅子上没有吭一声，隔了好一会儿才慢吞吞地说道："大雷之后，必有大雨！"

林肯曾在斯普林菲尔德当过检察官，与其他人不同的是，即使在法庭休会期间，他宁愿忍受斯普林菲尔德肮脏的小客店里的蚊子和臭虫的叮咬，也不愿回家听他太太没完没了的唠叨和责骂。一位跟随林肯多年的工作人员回忆：林肯夫人出名的谩骂声不但传遍了白宫，有时甚至隔着马路传到了对面的住户家中。

林肯在给他的朋友写信时写过这样一段

话："我现在是全世界活人中最不幸的一个！假如我把所感受到的痛苦，平均分配给地球上的每一个家庭，那么地球上将不会有一个面带笑容的人，我觉得我今生决不会再有快乐日子了。"林肯几次想到过离婚，但最后都以玛丽·托德的寻死觅活而作罢。

在现实婚姻生活中，"多言数穷"，除表现为"喋喋不休"导致婚姻不幸外，还表现为一种形式上"少言"内容上"多言"的一句话伤害，这种"一句话为多"的语言表达，对婚姻的杀伤力也不可小觑。

例一：妻子一句"窝囊废"，男子当街抢劫

因为经常被妻子骂"窝囊废"，27岁的武汉男子当街抢劫别人的手机。被抓后，男子交代，抢劫只是想报复妻子，让她知道自己不是窝囊废。

例二：妻子一句"过不下去就离婚"，丈夫将妻子毁容

一对夫妻，结婚十余年来小吵不断。丈夫有家暴倾向，妻子多次提出离婚都被丈夫说服。

后来两人再次因琐事而争吵，气头上妻子的一句“过不下去就离婚”将丈夫彻底激怒，丈夫把一壶开水直接从妻子的头上浇下，妻子被烫伤毁容。

例三：丈夫一句“你怎么不去死”，妻子割腕自杀

有一对夫妻，为要不要买房问题发生争执，气头上的丈夫口不择言：“你怎么不去死啊?”谁想到，妻子一气之下，割腕自杀。还有一对夫妻，因丈夫一句“你去死”，妻子直接从五楼窗户跳下。

夫妻之间因为彼此熟悉，哪句话最能击中要害，彼此了如指掌。在双方矛盾冲突时，应保持高度克制，最好是沉默无语，待双方冷静下来后再说明理由。若用计算机语言中的二进制(“0”和“1”)作比喻，生气时的语言选择应为“0”，若选择“1”，哪怕只有一句话，也是标准的“多言”，都可能带来意想不到的后果。现把夫妻相互伤害的“经典”多言各归纳为五句话，为天下夫妻提供戒鉴。

妻子痛伤丈夫的五句“多言”：

1. “你还是个男人吗?”

这是一句极具歧义性的话，可理解为对丈夫蛮不讲理或小肚鸡肠的一种无奈的回应，暗含一种需要包容或安慰的期待；也可理解为对丈夫的一种轻蔑或侮辱；还可理解为丈夫在妻子眼里就是一个软蛋、脓包和窝囊废。不论当时的语境如何，丈夫都可能从后两种意义上去理解。一旦从后两种意义上去理解，丈夫必会因捍卫自尊而强烈反弹，轻则骂人或摔物，重则施暴，家庭生活便不得安宁。

2. “你简直就是个窝囊废！”

这句话是对丈夫自尊心的巨大挑战，直接否定的是丈夫干事创业的能力和养家糊口的本领。如果妻子在说这句话的时候辅之以纵向或横向对比，对丈夫（尤其是那些有一定的自卑感或事业受挫的人）的杀伤力不亚于一枚“原子弹”的威力。加拿大多伦多曾发生过这样一个案例：

> 某天，多伦多市警察局接到一名男子报案，报案人称他亲手杀死了妻子和儿女。警察赶到案发现场，发现报案男子不仅杀死了怀孕的妻子，还杀害了年仅6岁的儿子和1岁大的女儿。这起惨案发生的原因是什么呢？警方在调查后发现，原来这名男子最近生意失败，公司破产并欠下大笔债务，已处于身心疲惫、形容枯槁、万

念俱灭的状态，回到家后，他的妻子不仅没有给予必要的关心和安慰，反而用如下的话去刺激他：“隔壁某某的老公与你一样都是做生意的，人家每年都有一百多万进项，你倒好，不仅把家底赔光，还弄个债台高筑，你根本就不是做生意这块料，简直就是个窝囊废。怎么还债是你的事，我不管，爱怎么着怎么着吧。”

连续几天男子听到的都是此类火上加油的话，这位男子本就心灰意冷，听到妻子的这些话后，加之儿子对他也异常冷淡，更加绝望，于是“怒从心中起，恶向胆边生”，掂刀杀死了妻子和儿女，犯下了滔天罪行。

如果他的妻子当时不拿那些话刺激他，而是不断地用语言去鼓励他、安慰他，一起分析失败的原因，谋划东山再起，可能就不会发生这起惨案。或者按老子所言，“行无言之教”，什么都不说，拍拍他的背或给予一个拥抱，惨案也可能不会发生。根据经验，社会中有两种人不能得罪：一种是拥有一切的人，另一种是失去一切的人。尤其是后一种人，更容易走向极端。

台湾也曾发生过一起相当离谱的杀人案件：

有个中年人杀害了一个妓女，警方开始时朝着情杀或经济纠纷的思路调查，结果毫无头绪，直到后来抓到了犯罪嫌疑人，才明白案件的起因。原来犯罪嫌疑人在与妓女进行性交易时遭到妓女耻笑："你真是个窝囊废，既然举不起来了，干嘛喊老娘过来？"犯罪嫌疑人羞愤难当，拿起床头灯向妓女的头上狠狠地砸去，没想到妓女当场毙命。犯罪嫌疑人无暇打扫现场，仓皇逃窜。

3."我真后悔嫁给你！"

女人的这句话相信任何男人听到后心里都不舒服，尽管说话的语境千差万别，但相信大多数妻子说这句话时只是为了出口恶气，针对的是丈夫的某种行为或所做的某一件事，并非全盘否定或从根本上动摇对丈夫的信任，也不意味着完全丧失了与丈夫一起生活下去的信心。但处在气头上的丈夫并非这样想，可能会直接误解为妻子对自己已失望至极，夫妻感情已经产生严重裂痕，妻子之所以没有离去，只不过是出于抚养孩子、照顾双亲、同情、感恩、金钱或其他原因的无奈选择。丈夫一旦这样想，就会产生沮丧、失望、破罐破摔等心理或行为，无疑为今后的家庭生活蒙上了阴影，进而影响到未来婚姻生活的质量。

4.“孩子不是你的。”

妻子的这句话将会引起丈夫对妻子人品及其婚前婚后男女交往关系的无尽联想，这种联想不是一种愉快的思维过程，而是一种挥之不去的痛苦梦魇。这句话按照事实判断，可区分为两层意思：一是孩子确实不是丈夫的；二是孩子确实是丈夫的。到底属于哪一种情况，通过亲子鉴定可以立马澄清真相。如果是第一种情况，婚姻大多以破裂而告终；如果是第二种情况，婚姻大多可以存续，但这句话同样会在丈夫的心头留下阴影，这种阴影随着生活中的磕磕绊绊经久不息地刺激着丈夫对妻子人品的怀疑，婚姻生活的质量也随之大打折扣。

一般来说，女人是感性动物，语言更多地受到情绪的影响，尤其是在气头上更是口无遮拦、口不择言，因而大多并非真心实话，只是一种情感的宣泄；而男人则是理性动物，首先会把女人生气时的话当作真话去对待，其次把女人的话与女人日常的点滴行为对照起来去研究，经过理性思考最后形成判断。这个过程，因为伴随着丈夫的审视和验证，夫妻生活不可能和谐如初。

5.“过不下去就离婚。”

妻子尤其是新婚的妻子，在吵架时最容易说出的一句话就是“过不下去就离婚”。有些男人也说这句话，相比较而言，女人说这句话的频率更高一些。夫妻关系存续期间，不可一吵架就轻言“离婚”，这应当成为吵架时的底线。妻子第一次吵架说出“离婚”，并非真实意思表达，可能只是希冀压倒对方的进攻性宣示手段，丈夫一般也不会过多地在意或品味，若一而再、再而三地说出“离婚”二字，即使不是真实意思的表达，也会给丈夫带来伤害并引起丈夫的思考和警觉。丈夫会在心里不停顿地追问：“她当初结婚是不是出于真心？”“她嫁给我是不是一种轻率的、随意的选择？”“她不停地说这句话是不是表明她有外遇了？”“她这么轻易地说离婚是不是从一开始就没有打算与我过长久？”等。

丈夫痛伤妻子的五句“多言”：

1.“当初娶你真是瞎了眼！”

当丈夫遇到妻子胡搅蛮缠、不可理喻、顽固不化或某种“恶习”虽久经劝告仍“涛声依旧”时，最容易爆出“当初娶你真是瞎了眼”这句话。这可能是丈夫气极状态下随口蹦出的一句话，但对妻子的伤害却透骨和沉重。在妻子看来，自己这么多年为家庭所做的一切不仅没有得到尊重、承认，而且被视为毫无意义，自己白忙活了一场不说，甚至连目前婚姻存在的合理性、必要性都受到了挑战，那还不如离婚算了。为了家庭的和谐，此类言语丈夫还是不说为好。

2.“你整个就是一傻×！”

当妻子被人欺骗(购物或美容)、做了错事或教育孩子方法不当、效果不佳时，丈夫最容易爆出这句粗口。这句话可能会带来两个直接的后果：一是引起妻子的强烈愤怒，导致“战火”升级；二是导致妻子自卑感加重，在以后的家庭生活中，妻子可能会变得缩手缩脚、萎靡不振，以前的主动性作为、创造性做事的情景可能一去不再复返。如果是当着家庭长辈或其他女性的面，丈夫说这句话，后果将更为严重。

3.“有种永远不要再回来！”

夫妻激烈冲突时，由于体能等弱势，感觉最受委屈的往往是妻子，这个时候，许多妻子会抱着“眼不见心不烦”的心态选择离家走动，或去闺密处诉苦，或去娘家“喊冤”。如果出门时丈夫扔出一句“有种永远不要再回来”，不仅是对妻子感情的二度伤害，而且会加重妻子的逆反心理，甚至有可能变成“金鱼一旦脱钩去，摇头晃尾不复来”。有些丈夫饱受这句话带来的惩罚，不仅忍受独守空房的寂寞，而且三番五次去妻子娘家求情(或捶胸顿足,或赌咒发誓)均无功而返。早知今日又何必当初啊!

4.“这孩子怎么一点不像我。”

丈夫说出的这句话可以从两个方面去理解:其一是指孩子的智商、行为、习惯不像丈夫,如孩子的作业总是出错、多动爱吵闹、脾气大等;其二是指孩子的相貌特征不像丈夫。若妻子理解为第一种情况,妻子大多是一笑置之;若理解为第二种情况,情景就会截然不同,一场家庭战争在所难免。因为在第二种情况下,给妻子的第一感觉是丈夫怀疑孩子不是亲生,这直接对妻子的人品、尊严造成了伤害,除非情况属实,否则没有妻子不愤然反击的:“你什么意思?”“不像你你说像谁?”“我偷人了还是养人了?”“你今天非说清楚不可!”事情弄到这般田地,作为丈夫非要说出这句话干什么?自己弄一顶假想的“绿帽子”戴头上,是荣耀还是耻辱?

5.“你说话做事怎么像你妈一样?”

这也许是丈夫对妻子不满时所发的一句牢骚,但这句话的杀伤力同样不可小觑。如果丈夫平时言谈举止中对丈母娘佩服得五体投地抑或像崇拜明星一样,该句话则不具有负面意义。但生活中大多数丈夫都是从负面意义上来说这句话的,势必引起妻子的强烈反弹:“你说我不好也就算了,干嘛把我妈也带上?”“我妈招你惹你了?”“我妈为咱这个家操碎了心,在你眼里反而成了不好的了?”“常言说:一个女婿半个儿,你那有一点‘儿’的影子?分明就是个‘龟孙子’。”

常言说,爱得越深,伤得越深,家和才能万事兴,切不可因一句话毁了一个家庭、误了一段姻缘。

《老子》42 章写道:“道生一,一生二,二生三,三生万物。万物负阴而抱阳,冲气以为和。人之所恶,唯孤、寡、不谷,而王公以为称。故物或损之而益,或益之而损。人之所教,我亦教之。强梁者不得其死,吾将以为教父。”这段话讲的是道创生万物的过程,本书第一章中已做过解释,在这里,我们通过引申和发挥,用来说明一下家庭中的夫妻关系:

“道生一,一生二,二生三,三生万物”是指按照恋爱之道组成一个家庭,一个家庭中有丈夫和妻子两个角色,丈夫形成家庭中的阳气,妻子形成家庭中的阴气,阴阳二气涌摇激荡,相辅相成,家庭定会产生和充溢一种和谐之气即和气,阴阳二气在和气的中介下正态流动,带来了家庭各项事业的兴旺发达(此乃“三生万物”)。

“万物负阴而抱阳,冲气以为和”是指万物都是背负阴怀抱阳的阴阳组合体，通过和气的周流而实现平衡。家庭同样是阴阳组合而成，丈夫是阳，挣钱养家，撑起家庭一片天；妻子是阴，相夫教子，打造家庭温柔地。家庭因和谐之气的周流而达到圆满。

“人之所恶，唯孤、寡、不谷，而王公以为称”是指人们最讨厌的无非是孤独、寡助、不善，而君王则喜欢以此自称，原因就是越是强大的、高贵的越要处下谦卑啊。夫妻关系中强势的一方又何尝不需要谦恭礼让。

“故物或损之而益，或益之而损。人之所教，我亦教之”。是指有些事物你减损它反而对它有利，增大它反而使它受损。圣人是这样教导的，我也用这样的话教育别人。夫妻关系中强势的一方，如果继续加持或放纵这种强势，必然带来强势的消亡或家庭的毁灭，如果主动地减损或降低这种强势，反而能维持一种必要的强势并使家庭保持和谐。

“强梁者不得其死，吾将以为教父”。是指强大到不可一世必然走向灭亡，这就是我施教的宗旨。如果夫妻中的一方强势、暴戾到为所欲为的地步，必然带来家庭的毁灭（暴戾者被家庭其他成员杀死的案例屡见不鲜），家庭毁灭了，其中强势的一方自然就不复存在了。皮之不存，毛将焉附？

综上，老子发出的“多言数穷，不如守中”的劝告，应当成为人们追求家庭和谐、事业成功的座右铭和指南针。

附录

《道德经》王弼本[1]

① 该版本来源于《老子道德经注校释》，楼宇烈校释，中华书局2008年版。

一章

道可道，非常道；名可名，非常名。无名天地之始，有名万物之母。故常无欲，以观其妙；常有欲，以观其徼。此两者同出而异名，同谓之玄，玄之又玄，众妙之门。

二章

天下皆知美之为美，斯恶已；皆知善之为善，斯不善已。故有无相生，难易相成，长短相较，高下相倾，音声相和，前后相随。是以圣人处无为之事，行不言之教；万物作焉而不辞，生而不有，为而不恃，功成而弗居。夫唯弗居，是以不去。

三章

不尚贤，使民不争；不贵难得之货，使民不为盗；不见可欲，使民心不乱。是以圣人之治，虚其心，实其腹；弱其志，强其骨。常使民无知无欲，使夫智者不敢为也。为无为，则无不治。

四章

道冲而用之或不盈，渊兮似万物之宗。挫其锐，解其纷，和其光，同其尘。湛兮似或存。吾不知谁之子，象帝之先。

五章

天地不仁，以万物为刍狗；圣人不仁，以百姓为刍狗。天地之间，其犹橐龠乎？虚而不屈，动而愈出。多言数穷，不如守中。

六章

谷神不死，是谓玄牝，玄牝之门，是谓天地根。绵绵若存，用之不勤。

七章

天长地久。天地所以能长且久者，以其不自生，故能长生。是以圣人后其身而身先，外其身而身存。非以其无私邪？故能成其私。

八章

上善若水。水善利万物而不争，处众人之所恶，故几于道。居善地，心善渊，与善仁，言善信，正善治，事善能，动善时。夫唯不争，故无尤。

九章

持而盈之，不如其已。揣而棁之，不可长保。金玉满堂，莫之能守。富贵而骄，自遗其咎。功遂身退，天之道。

十章

载营魄抱一，能无离乎？专气致柔，能婴儿乎？涤除玄览，能无疵乎？爱民治国，能无知乎？天门开阖，能无雌乎？明白四达，能无为乎？生之、畜之，生而不有，为而不恃，长而不宰，是谓玄德。

十一章

三十辐共一毂，当其无，有车之用。埏埴以为器，当其无，有器之用。凿户牖以为室，当其无，有室之用。故有之以为利，无之以为用。

十二章

五色令人目盲，五音令人耳聋，五味令人口爽，驰骋畋猎令人心发狂，难得之货令人行妨。是以圣人为腹不为目，故去彼取此。

十三章

宠辱若惊，贵大患若身。何谓宠辱若惊？宠，为下得之若惊，失之若惊，是谓宠辱若惊。何谓贵大患若身？吾所以有大患者，为吾有身，及吾无身，吾有何患！故贵以身为天下，若可寄天下；爱以身为天下，若可托天下。

十四章

视之不见名曰夷，听之不闻名曰希，搏之不得名曰微。此三者不可致诘，故混而为一。其上不皦，其下不昧，绳绳不可名，复归于无物，是谓无状之状，无物之象。是谓惚恍。迎之不见其首，随之不见其后。执古之道，以御今之有，能知古始，是谓道纪。

十五章

古之善为士者，微妙玄通，深不可识。夫唯不可识，故强为之容。豫焉若冬涉川，犹兮若畏四邻，俨兮其若容，涣兮其若冰之将释，敦兮其若朴，旷兮其若谷，混兮其若浊。孰能浊以静之徐清？孰能安以久动之徐生？保此道者不欲盈，夫唯不盈，故能蔽不新成。

十六章

致虚极，守静笃，万物并作，吾以观复。夫物芸芸，各复归其根。归根曰静，是谓复命。复命曰常，知常曰明，不知常，妄作，凶。知常容，容乃公，公乃王，王乃天，天乃道，道乃久。没身不殆。

十七章

太上，下知有之。其次，亲而誉之。其次，畏之。其次，侮之。信不足，焉有不信焉。悠兮其贵言。功成事遂，百姓皆谓我自然。

十八章

大道废，有仁义；智慧出，有大伪；六亲不和，有孝慈；国家昏乱，有忠臣。

十九章

绝圣弃智，民利百倍；绝仁弃义，民复孝慈；绝巧弃利，盗贼无有。此三者，以为文不足，故令有所属，见素抱朴，少私寡欲。

二十章

绝学无忧。唯之与阿，相去几何？善之与恶，相去若何？人之所畏，不可不畏。荒兮其未央哉！众人熙熙，如享太牢，如春登台。我独泊兮其未兆，如婴儿之未孩。儽儽兮若无所归。众人皆有余，而我独若遗。我愚人之心也哉！沌沌兮！俗人昭昭，我独昏昏；俗人察察，我独闷闷。澹兮其若海，飂兮若无止。众人皆有以，而我独顽似鄙。我独异于人，而贵食母。

二十一章

孔德之容，惟道是从。道之为物，惟恍惟惚。惚兮恍兮，其中有象；恍兮惚兮，其中有物。窈兮冥兮，其中有精；其精甚真，其中有信。自古及今，其名不去，以阅众甫。吾何以知众甫之状哉？以此。

二十二章

曲则全，枉则直，洼则盈，敝则新，少则得，多则惑。是以圣人抱一，为天下式。不自见故明，不自是故彰，不自伐故有功，不自矜故长。夫唯不争，故天下莫能与之争。古之所谓曲则全者，岂虚言哉！诚全而归之。

二十三章

希言自然。故飘风不终朝，骤雨不终日。孰为此者？天地。天地尚不能久，而况于人乎？故从事于道者，道者同于道，德者同于德，失者同于失。同于道者，道亦乐得之；同于德者，德亦乐得之；同于失者，失亦乐得之。信不足，焉有不信焉。

二十四章

企者不立，跨者不行，自见者不明，自是者不彰，自伐者无功，自矜者不长。其在道也，曰余食赘行。物或恶之，故有道者不处。

二十五章

有物混成，先天地生，寂兮寥兮，独立不改，周行而不殆，可以为天下母。吾不知其名，字之曰道，强为之名曰大。大曰逝，逝曰远，远曰反。故道大，天大，地大，王亦大。域中有四大，而王居其一焉。人法地，地法天，天法道，道法自然。

二十六章

重为轻根，静为躁君，是以圣人终日行不离辎重。虽有荣观，燕处超然。奈何万乘之主，而以身轻天下？轻则失本，躁则失君。

二十七章

善行无辙迹，善言无瑕谪，善数不用筹策，善闭无关楗而不可开，善结无绳约而不可解。是以圣人常善救人，故无弃人；常善救物，故无弃物，是谓袭明。故善人者，不善人之师；不善人者，善人之资。不贵其师，不爱其资，虽智大迷，是谓要妙。

二十八章

知其雄，守其雌，为天下谿。为天下谿，常德不离，复归于婴儿。知其白，守其黑，为天下式。为天下式，常德不忒，复归于无极。知其荣，知其辱，为天下谷。为天下谷，常德乃足，复归于朴。朴散则为器，圣人用之则为官长。故大制不割。

二十九章

将欲取天下而为之，吾见其不得已。天下神器，不可为也。为者败之，执者失之。故物或行或随，或嘘或吹，或强或羸，或载或隳。是以圣人去甚，去奢，去泰。

三十章

以道佐人主者，不以兵强天下，其事好还。师之所处，荆棘生焉。大军之后，必有凶年。善有果而已，不敢以取强。果而勿矜，果而勿伐，果而勿骄，果而不得已，果而勿强。物壮则老，是谓不道，不道早已。

三十一章

夫佳兵者，不祥之器。物或恶之，故有道者不处。君子居则贵左，用兵则贵右。兵者，不祥之器，非君子之器。不得已而用之，恬淡为上，胜而不美。而美之者，是乐杀人。夫乐杀人者，则不可以得志于天下矣。吉事尚左，凶事尚右。偏将军居左，上将军居右。言以丧礼处之。杀人之众，以哀悲泣之。战胜，以丧礼处之。

三十二章

道常无名，朴虽小，天下莫能臣也。侯王若能守之，万物将自宾。天地相合以降甘露，民莫之令而自均。始制有名，名亦既有，夫亦将知止。知止所以不殆。譬道之在天下，犹川谷之于江海。

三十三章

知人者智，自知者明。胜人者有力，自胜者强。知足者富，强行者有志，不失其所者久，死而不亡者寿。

三十四章

大道氾兮，其可左右。万物恃之而生而不辞，功成不名有，衣养万物而不为主。常无欲，可名于小；万物归焉而不为主，可名为大。以其终不自为大，故能成其大。

三十五章

执大象，天下往；往而不害，安平太。乐与饵，过客止。道之出口，淡乎其无味，视之不足见，听之不足闻，用之不足既。

三十六章

将欲歙之，必固张之；将欲弱之，必固强之；将欲废之，必固兴之；将欲夺之，必固与之，是谓微明。柔弱胜刚强。鱼不可脱于渊，国之利器不可以示人。

三十七章

道常无为而无不为，侯王若能守之，万物将自化。化而欲作，吾将镇之以名之朴。无名之朴，夫亦将无欲。不欲以静，天下将自定。

三十八章

上德不德，是以有德；下德不失德，是以无德。上德无为而无以为，下德为之而有以为。上仁为之而无以为，上义为之而有以为，上礼为之而莫之应，则攘臂而扔之。故失道而后德，失德而后仁，失仁而后义，失义而后礼。夫礼者，忠信之薄而乱之首。前识者，道之华而愚之始。是以大丈夫处其厚，不居其薄；处其实，不居其华。故去彼取此。

三十九章

昔之得一者，天得一以清，地得一以宁，神得一以灵，谷得一以盈，万物得一以生，侯王得一以为天下贞。其致之。天无以清将恐裂，地无以宁将恐发，神无以灵将恐歇，谷无以盈将恐竭，万物无以生将恐灭，侯王无以贵高将恐蹶。故贵以贱为本，高以下为基。是以侯王自谓孤寡不穀。此非以贱为本耶？非乎？故致数舆无舆。不欲琭琭如玉，珞珞如石。

四十章

反者，道之动；弱者，道之用。天下万物生于有，有生于无。

四十一章

上士闻道，勤而行之；中士闻道，若存若亡；下士闻道，大笑之，不笑不足以为道。故建言有之：明道若昧，进道若退，夷道若纇。上德若谷，大白若辱，广德若不足，建德若偷，质真若渝。大方无隅，大器晚成，大音希声，大象无形。道隐无名，夫唯道善贷且成。

四十二章

道生一，一生二，二生三，三生万物。万物负阴而抱阳，冲气以为和。人之所恶，唯孤寡不穀，而王公以为称。故物，或损之而益，或益之而损。人之所教，我亦教之。强梁者不得其死，吾将以为教父。

四十三章

天下之至柔，驰骋天下之至坚，无有入无间，吾是以知无为之有益。不言之教，无为之益，天下希及之。

四十四章

名与身孰亲？身与货孰多？得与亡孰病？是故甚爱必大费，多藏必厚亡。知足不辱，知止不殆，可以长久。

四十五章

大成若缺，其用不弊；大盈若冲，其用不穷。大直若屈，大巧若拙，大辩若讷。躁胜寒，静胜热，清静为天下正。

四十六章

天下有道，却走马以粪；天下无道，戎马生于郊。祸莫大于不知足，咎莫大于欲得，故知足之足，常足矣。

四十七章

不出户，知天下；不闚牖，见天道。其出弥远，其知弥少。是以圣人不行而知，不见而名，不为而成。

四十八章

为学日益，为道日损。损之又损，以至于无为，无为而无不为。取天下常以无事，及其有事，不足以取天下。

四十九章

圣人无常心，以百姓心为心。善者，吾善之；不善者，吾亦善之，德善。信者，吾信之；不信者，吾亦信之，德信。圣人在天下歙歙，为天下浑其心。圣人皆孩之。

五十章

出生入死。生之徒十有三，死之徒十有三。人之生动之死地，亦十有三。夫何故？以其生生之厚。盖闻善摄生者，陆行不遇兕虎，入军不被甲兵，兕无所投其角，虎无所措其爪，兵无所容其刃。夫何故？以其无死地。

五十一章

道生之，德畜之，物形之，势成之。是以万物莫不尊道而贵德。道之尊，德之贵，夫莫之命而常自然。故道生之，德畜之：长之、育之、亭之、毒之、养之、覆之。生而不有，为而不恃，长而不宰，是谓玄德。

五十二章

天下有始，以为天下母。既得其母，以知其子；既知其子，复守其母，没身不殆。塞其兑，闭其门，终身不勤。开其兑，济其事，终身不救。见小曰明，守柔曰强。用其光，复归其明，无遗身殃，是为习常。

五十三章

使我介然有知，行于大道，唯施是畏。大道甚夷，而民好径。朝甚除，田甚芜，仓甚虚。服文綵，带利剑，厌饮食，财货有余，是为盗夸。非道也哉！

五十四章

善建者不拔，善抱者不脱，子孙以祭祀不辍。修之于身，其德乃真；修之于家，其德乃余；修之于乡，其德乃长；修之于国，其德乃丰；修之于天下，其德乃普。故以身观身，以家观家，以乡观乡，以国观国，以天下观天下。吾何以知天下然哉？以此。

五十五章

含德之厚，比于赤子。蜂虿虺蛇不螫，猛兽不据，攫鸟不搏。骨弱筋柔而握固，未知牝牡之合而全作，精之至也。终日号而不嗄，和之至也。知和曰常，知常曰明，益生曰祥，心使气曰强。物壮则老，谓之不道，不道早已。

五十六章

知者不言，言者不知。塞其兑，闭其门，挫其锐；解其分，和其光，同其尘，是谓玄同。故不可得而亲，不可得而疏；不可得而利，不可得而害；不可得而贵，不可得而贱，故为天下贵。

五十七章

以正治国，以奇用兵，以无事取天下。吾何以知其然哉？以此。天下多忌讳，而民弥贫；民多利器，国家滋昏；人多伎巧，奇物滋起；法令滋彰，盗贼多有。故圣人云，我无为而民自化，我好静而民自正，我无事而民自富，我无欲而民自朴。

五十八章

其政闷闷，其民淳淳；其政察察，其民缺缺。祸兮福之所倚，福兮祸之所伏。孰知其极？其无正？正复为奇，善复为妖，人之迷，其日固久。是以圣人方而不割，廉而不刿，直而不肆，光而不耀。

五十九章

治人事天莫若啬。夫唯啬，是谓早服。早服谓之重积德，重积德则无不克，无不克则莫知其极，莫知其极，可以有国。有国之母，可以长久。是谓深根固柢，长生久视之道。

六十章

治大国若烹小鲜。以道莅天下，其鬼不神。非其鬼不神，其神不伤人；非其神不伤人，圣人亦不伤人。夫两不相伤，故德交归焉。

六十一章

大国者下流。天下之交，天下之牝。牝常以静胜牡，以静为下。故大国以下小国，则取小国；小国以下大国，则取大国。故或下以取，或下而取。大国不过欲兼畜人，小国不过欲入事人。夫两者各得其所欲，大者宜为下。

六十二章

道者万物之奥，善人之宝，不善人之所保。美言可以市，尊行可以加人。人之不善，何弃之有！故立天子，置三公，虽有拱璧以先驷马，不如坐进此道。

古之所以贵此道者何？不曰以求得，有罪以免邪？故为天下贵。

六十三章

为无为，事无事，味无味。大小多少，报怨以德。图难于其易，为大于其细。天下难事必作于易，天下大事必作于细，是以圣人终不为大，故能成其大。夫轻诺必寡信，多易必多难，是以圣人犹难之。故终无难矣。

六十四章

其安易持，其未兆易谋，其脆易泮，其微易散。为之于未有，治之于未乱。合抱之木，生于毫末；九层之台，起于累土；千里之行，始于足下。为者败之，执者失之。是以圣人无为，故无败；无执，故无失。民之从事，常于几成而败之。慎终如始，则无败事。是以圣人欲不欲，不贵难得之货。学不学，复众人之所过。以辅万物之自然，而不敢为。

六十五章

古之善为道者，非以明民，将以愚之。民之难治，以其智多。故以智治国，国之贼；不以智治国，国之福。知此两者，亦稽式。常知稽式，是谓玄德。玄德深矣，远矣，与物反矣，然后乃至大顺。

六十六章

江海所以能为百谷王者，以其善下之，故能为百谷王。是以欲上民，必以言下之；欲先民，必以身后之。是以圣人处上而民不重，处前而民不害。是以天下乐推而不厌。以其不争，故天下莫能与之争。

六十七章

天下皆谓我道大，似不肖。夫唯大，故似不肖。若肖，久矣其细也夫。我有三宝，持而保之。一曰慈，二曰俭，三曰不敢为天下先。慈，故能勇；俭，故能广；不敢为天下先，故能成器长。今舍慈且勇，舍俭且广，舍后且先，死矣！夫慈，以战则胜，以守则固，天将救之，以慈卫之。

六十八章

善为士者不武，善战者不怒，善胜敌者不与，善用人者为之下。是谓不争之德，是谓用人之力，是谓配天古之极。

六十九章

用兵有言，吾不敢为主而为客，不敢进寸而退尺。是谓行无行，攘无臂，扔无敌，执无兵。祸莫大于轻敌，轻敌几丧吾宝。故抗兵相加，哀者胜矣。

七十章

吾言甚易知，甚易行，天下莫能知，莫能行。言有宗，事有君。夫唯无知，是以不我知。知我者希，则我者贵，是以圣人被褐怀玉。

七十一章

知不知，上；不知知，病。夫唯病病，是以不病。圣人不病，以其病病，是以不病。

七十二章

民不畏威，则大威至。无狎其所居，无厌其所生。夫唯不厌，是以不厌。是以圣人自知，不自见；自爱，不自贵。故去彼取此。

七十三章

勇于敢则杀，勇于不敢则活。此两者，或利或害。天之所恶，孰知其故？是以圣人犹难之。天之道，不争而善胜，不言而善应，不召而自来，繟然而善谋。天网恢恢，疏而不失。

七十四章

民不畏死，奈何以死惧之！若使民常畏死，而为奇者吾得执而杀之，孰敢？常有司杀者杀，夫代司杀者杀，是谓代大匠斫。夫代大匠斫者，希有不伤其手矣。

七十五章

民之饥，以其上食税之多，是以饥。民之难治，以其上之有为，是以难治。民之轻死，以其求生之厚，是以轻死。夫唯无以生为者，是贤于贵生。

七十六章

人之生也柔弱，其死也坚强。万物草木之生也柔脆，其死也枯槁。故坚强者死之徒，柔弱者生之徒。是以兵强则不胜，木强则兵。强大处下，柔弱处上。

七十七章

天之道，其犹张弓与！高者抑之，下者举之；有余者损之，不足者补之。天之道，损有余而补不足。人之道则不然，损不足以奉有余。孰能有余以奉天下？唯有道者。是以圣人为而不恃，功成而不处，其不欲见贤。

七十八章

天下莫柔弱于水，而攻坚强者莫之能胜，其无以易之。弱之胜强，柔之胜刚，天下莫不知，莫能行。是以圣人云，受国之垢，是谓社稷主；受国不祥，是为天下王。正言若反。

七十九章

和大怨，必有余怨，安可以为善？是以圣人执左契，而不责于人。有德司契，无德司彻。天道无亲，常与善人。

八十章

小国寡民，使有什伯之器而不用，使民重死而不远徙。虽有舟舆，无所乘之；虽有甲兵，无所陈之；使人复结绳而用之。甘其食，美其服，安其居，乐其俗。邻国相望，鸡犬之声相闻，民至老死不相往来。

八十一章

信言不美，美言不信；善者不辩，辩者不善；知者不博，博者不知。圣人不积，既以为人，已愈有；既以与人，已愈多。天之道，利而不害。圣人之道，为而不争。

我的读后感

我与张剑伟先生相识多年,因共同的爱好、兴趣而成为至交。他的钻研精神及学术情怀一直都令我钦佩。近年来,他致力于传统文化的研究与推广,尤其在老子思想研究领域取得了丰硕的成果,在《人民日报》《光明日报》《北京大学学报》《江汉论坛》等报刊发表老子研究文章50余篇,曾有多篇文章被《新华文摘》等刊物全文转载,在学界产生了一定的影响。他的《〈道德经〉精讲》一书,开启了从逻辑维度解读老子《道德经》的先河,令人耳目一新,受益颇多。他的"《道德经》与人生智慧"网络课程被多家高校作为通识类课程采用,受到在校大学生们的青睐;他的"《道德经》精讲"网络课程被中国教师教育网作为全国中小学教师传统文化类培训课程进行推广并深受好评;他作为首席专家,主持了湛江市"国学进校园"等重大国学推广项目。

《老子教你言说》是张剑伟先生的《老子教你成功》四部曲的第一部,其他三部为:《老子教你思考》

《老子教你做事》《老子教你做人》。可以说，这套系列丛书，既是老子思想研究的一个新的成果，也是老子思想“创造性转化”即当代应用的一个尝试。张剑伟先生曾把拟将写作的这四部书的内容作为系列讲座在我校开设，场场爆满、场场轰动、场场都是经久不息的掌声。我身临其境、深受感染，作为有幸熟知这套丛书的详尽写作提纲以及第一个阅读《老子教你言说》全部书稿的人，有太多的感受不得不讲、不能不说：

第一，《老子教你言说》这本书，让我清晰地明白了老子“道”的真切内涵及其自然、无为等范畴的实际效用。什么是道？怎么悟道？看不见摸不着的这个道对于人们的生活和实践到底有何意义？道说不清道不明吗？作为老子的“粉丝”，我阅读过大量的关于注解老子的书籍，但对于诸如此类问题总是一头雾水。《老子教你言说》清楚地告诉你，道不是说不清道不明的，关键看你怎么说怎么道；道作为世界的本原和万物的本质，理应成为人们敬畏的对象；道作为超越一切相对的绝对、超越一切具体的存在，具有着广大的普适性。修道、悟道并非把道这个物质性的存在抱在怀里，而是要把道的品格、特性、属性如自然、无为、谦卑、处下、利他、柔弱、少欲、无私、包容、宠辱不惊、虚怀若谷等修持到自己身上，人一旦拥有了这些品格和特性，在实际生活中，就会成为一个无往而不胜的人，一个无为而无不为的人，一个脱离了低级趣味的人，一个有益于人民的人。

作为广东文理学院这所民办高校的创始人和投资人，此前一直在生意场上打拼，我没有在大学从事管理工作的经历，也没有当过大学老师，怎样管理好一所大学，于我而言确实是一个挑战。广东文理学院发展到今天之所以能有近 2 万在校生的规模，可以毫不夸张地说，在管理上，老子的思想给了我许多灵感和启发。老子的“自然”学说使我明白了怎样去尊重老师的个性、首创性和能动性以及怎样在尊重学生“自然”的前提下去开发学生的潜能，急功近利、锱铢必较、简单粗暴，“通不通三分钟”，无疑是对老师和学生“自然”的压抑和戕害。老子的“无为”理论使我明白了“专家治校”的必要性和重要性。我作为董事长，首先要“懂事”，既要懂得放权又要懂得打造一个宽松的平台让专家教授们去上演一幕幕“威武雄壮的活剧”，这样，才能保障按照教育规律办事，不乱为、不妄为、不胡为。我的“无为”与专家教授们的“有为”、积极作为形成一个有机的整体，学校的各项事业呈现出一派欣欣向荣的景象。

读了张剑伟先生的《老子教你言说》书稿以后，

使我对老子的“自然”“无为”的思想有了进一步的理解,“自然”不仅仅是指原本的自然而然,而且包括“自然”的实现过程;“无为”,不仅仅是不妄为,也不仅仅是“顺规律而为”,同时还包括出于公心而为以及类似于“润物细无声”的柔弱之为等。

第二,《老子教你言说》这本书,使我真正明白了言说的本质以及成功地言说在人们生活和实践中的意义。当言而不言,叫作失人;不当言而言,叫作失言。老子关于言说的总体要求是“希言自然”,亦即少说话是符合自然的,能不说的尽量不说;能一句话说明白的不要用两句话;能用小短文说明问题的决不长篇大论;能半小时结束的会议决不东拉西扯拖至一个小时…… 对于无端地指责、谩骂、诽谤,同样应以“希言”处之,沸腾的生活自然会归于平静,恰如“沉默是金”这首歌所唱的:“任你怎说安守我本分,始终相信沉默是金。是非有公理,慎言莫冒犯别人。遇上冷风雨休太认真,自信满心里,休理会讽刺与质问。笑骂由人,洒脱地做人。”

张剑伟先生在《老子教你言说》中写道:在老子看来,言,要发心善良,要言之有物、言而无病,因为“善言无瑕谪”(最好的话语不仅是善良的而且是没有瑕疵的);言,要言“善言”式之美言,因为“美言可以市尊”（美好的语言可以换来别人的尊敬），这类语言不仅动之以情，而且晓之以理，既中听又中用；切忌“多言”，因为“多言数穷”（多言会加速穷困或灭亡），日常生活中的多言形式，除了常见的喋喋不休以外，还包括自伐（自我夸耀）、轻诺（信口承诺）和争辩（狡辩或诡辩）等，当为成功追求者戒！张剑伟先生在书中运用了大量鲜活、生动的例子来阐释和说明老子的言说理论，不仅文风生动活泼、文字朗朗上口，而且让人极易理解、印象深刻；书中所言的理论和方法，既有较强的现实针对性，又有实际的可操作性。该书作为传统文化的当代应用，值得所有志在提升素质的大学生、中学生以及各类从业人员阅读。

我校已将张剑伟先生的“老子教你言说”网络课程作为大学生限定选修的就业类课程之一，《老子教你言说》作为该门课程重点推介的教材。盼望能早一点见到张剑伟先生的《老子教你思考》《老子教你做事》《老子教你做人》等著作的问世，同时也希望张剑伟先生一如既往地关怀、关心、关注并一同见证广东文理学院的进步与成长！

广东文理学院董事长　宣承志

2017 年 5 月